8가지 리더십 보물을 찾아라

독서, 시간 관리를 잘하며 친구와도 잘 지내는 방법
8가지 리더십 보물을 찾아라

1판 1쇄 발행 _ 2024년 5월 10일

글쓴이 _ 이인희, 강규형
그린이 _ 전병준
펴낸이 _ 유경희
펴낸곳 _ 애플씨드북스
디자인/제작 _ 디자인캠프

출판등록 _ 2017년 11월 14일 제 2017-000131호
주　소 _ 서울특별시 송파구 법원로 127 408호(문정동)
전　화 _ 070-4870-3000　　팩　스 _ 02-597-4795　　이메일 _ ryu4111@nate.com
인스타그램 _ @appleseed_books

ISBN _ 979-11-969215-0-7 73190

책값은 뒤표지에 있습니다.

애플씨드 북스 소개
사과 속의 씨는 누구나 볼 수 있지만 씨 속의 사과는 아무나 볼 수 없습니다.
애플씨드북스는 미국 전역에 사과씨를 심으며 개척과 희망의 상징이 된 쟈니 애플씨드를 모티브로 탄생하였습니다. 책으로 세상에 선한 영향력을 심겠습니다.

어린이제품 안전특별법에 의한 표시사항
제조자명 애플씨드북스 　제조국 대한민국 　사용연령 8~13세 　제조년월 판권에 별도 표기
주소 서울특별시 송파구 법원로 127 408호(문정동) 　연락처 070-4870-3000
⚠주의사항 책 모서리나 종이에 긁히거나 베이지 않게 조심하세요.

독서, 시간 관리를 잘하며
친구와도 잘 지내는 방법

8가지 리더십 보물을 찾아라

이인희·강규형 글 | 전병준 그림

습관의 혁명을 이끌어내는 8가지 보물찾기

어린이 여러분이 행복하기를 바라는 이인희 선생님이에요. 놀기를 좋아해 놀샘, 때로는 보물찾기샘이라 불리기도 하지요. 선생님이 어린이 친구들에게 꿈꾸는 것이 있는데 한번 들어볼래요?

힘들고 어려울 때 이분이라면 어떻게 했을까? 떠오르는 롤모델을 만들고 진로를 계획하는 어린이가 많아지길 꿈꿔요.
　꿈이 이루어진 것을 상상하며 행복해하는 어린이가 많아지길 꿈꿔요.
　자신을 있는 그대로 사랑하는 어린이가 많아지길 꿈꿔요.
　더운 여름 얼굴에 스치는 한 줄기 바람에도 감사하는 어린이가 많아지길 꿈꿔요.
　공부할 때와 노는 시간을 구분해 신나게 놀고, 열심히 공부하는 어린이가 많아지길 꿈꿔요.
　스스로 책을 읽고 생각이 깊어지는 어린이가 많아지길 꿈꿔요.

나를 유혹하는 문제는 피하고, 도전할 문제는 포기하지 않는 어린이가 많아지길 꿈꿔요.

친구의 말에 공감하며 우정을 만드는 어린이가 많아지길 꿈꿔요.

공부하는 방법을 알아 공부가 즐겁다는 어린이가 많아지길 꿈꿔요.

이런 꿈을 도와주고 응원하기 위해 어린이 친구들과 함께 8개의 보물을 찾아 여행을 떠나려고 합니다. 우리는 여행 중에 미래와 연결된 문을 여는 진로의 열쇠, 꿈과 미래를 볼 수 있는 비전망원경, 행복·사랑·자신감을 샘솟게 하는 긍정의 갑옷, 시간을 지배하는 초능력을 주는 시간지도, 솔로몬의 지혜를 주는 지혜의 책, 학습의 방향을 잡아주는 학습나침반, 어둠의 괴물을 물리치는 우정의 방패, 학습을 지배하는 최강의 공신검을 만날 거예요.

함께 힘을 모아 한 번에 하나씩 천천히 찾아보아요. 우리가 포기하지 않으면 언젠가는 8가지 보물을 모두 찾을 수 있을 거예요. 그리고 이 과정을 통해 자신의 인생에 주인공이 될 뿐 아니라 더 많은 사람을 도와주는 리더가 될 수 있을 거예요.

이제 책 속으로 함께 여행을 떠나 볼까요?

이인희

머리말

리더십의 힘, 8가지 보물

2009년 1월 15일 뉴욕 상공에서 엔진이 고장 난 비행기를 과감하게 허드슨 강에 불시착시키며 승객과 승무원 155명 전원을 구한 체슬리 설렌버거 기장. 그는 비행기 안에 남은 사람이 더 없는지 두 번이나 둘러보고 마지막으로 탈출했습니다.

2014년 4월 16일 여객선 세월호가 진도 인근 해상에서 침몰하며 300여 명이 사망·실종되는 대형 참사가 일어났습니다. 선장은 승객과 배를 버리고 제일 먼저 탈출했습니다. 리더는 '가장 먼저 들어가고 맨 마지막에 나온다(First In, Last Out)'는 불문율을 어긴 것입니다.

기업의 사회적 책임을 강조하며 수많은 업적을 남긴 경영학자 피터 드러커 교수는 경영학의 아버지로서 지식근로자로서 모범적인 삶을 살았습니다. 드러커 교수는 사회·교육·정치·경제·경영 모든 분야에서 자기경영을 중요한 가치로 생각했습니다. 자기경영, 즉 '셀프 리더십(self-leadership)'은 자신의 인생에 대해 스스로 방향을 고민하고 자율적으로 관리하고 이끌어나가는 리더십입니다. 셀프 리더십은 우리 어린이들에게 꼭 필요한 역량입니다. 국가와 사회의 지도자를 비롯해 저명인사, 연예인, 가수, 프로 선수들도 자기경영(자기관리)에 실패해 무너지고 모든 것을 잃게 되는 안타까운 경우가 많습니다.

지금부터 여러분이 만나게 될 8가지 보물은 셀프 리더십의 핵심입니다. 이미 수십 년 동안 30만 명 이상이 강의와 세미나 그리고 전국 350여 개 독서모임(독서포럼 나비)을 통해 만났고, 입증된 프로그램을 어린이의 눈높이에 맞춰 '보물찾기'라는 어린이 셀프 리더십 과정으로 개발하였습니다. 또 현재 초등학교에서 직접 소통하며 수업을 진행하시는 이인희 선생님과 함께 만들었습니다. 그리고 이 놀랍고 감동적인 교육 과정을 책으로도 만들어 달라는 수많은 요청에 따라 《8가지 리더십 보물을 찾아라》가 탄생하게 되었습니다.

우리 어린이들도 8가지 보물찾기를 통해 자기경영의 비밀을 터득하고 연습해서 세상을 깜짝 놀라게 할 멋진 리더가 되면 좋겠습니다. 속도보다 방향, 성취보다 의미, 쾌락보다 감동, 소유보다 나눔의 섬기는 리더가 되기를 소망합니다.

강규형

차례

머리말 • 4

1. 진로계획
나의 미래는 어떤 모습일까? • 10
- **보물찾기 1** 미래와 연결된 문을 여는 진로의 열쇠 • 22
- **실천노트** 롤모델 작성 방법/롤모델 보기/롤모델 작성해 보기

2. 꿈·비전
잘 먹고 잘 사는 게 뭘까? • 30
- **보물찾기 2** 꿈과 미래를 볼 수 있는 비전망원경 • 40
- **실천노트** 비전선언문 작성 방법/비전선언문 보기/비전선언문 작성해 보기

3. 긍정습관
모두가 나만 미워해 • 46
- **보물찾기 3** 행복·사랑·자신감을 샘솟게 하는 긍정의 갑옷 • 58
- **실천노트** 긍정문 작성 방법/긍정문 보기①, ②/긍정문 작성해 보기

4. 시간관리
황금보다 가치가 있다고? • 66
- **보물찾기 4** 시간을 지배하는 초능력을 주는 시간지도 • 76
- **실천노트** 주간 시간관리 작성 방법/주간 계획 보기/주간 계획 작성해 보기

5. 독서습관

새로운 세상을 만날 수 있어 • 86

- **보물찾기 5** 솔로몬의 지혜를 주는 지혜의 책 • 96
- **실천노트** 독서장 작성 방법/독서장 보기/독서장 작성해 보기/
좋은 글 보기/좋은 글 작성해 보기/아이디어 보기/
아이디어 작성해 보기/독후감 보기/독후감 작성해 보기

6. 학습계획

공부를 방해하는 게 너무 많아 • 110

- **보물찾기 6** 학습의 방향을 잡아주는 학습나침반 • 120
- **실천노트** 문제해결장 작성 방법/문제해결장 보기/문제해결장 작성해 보기

7. 우정·사랑

좋은 친구는 어떤 친구일까? • 128

- **보물찾기 7** 어둠의 괴물을 물리치는 우정의 방패 • 138
- **실천노트** 내 마음 나타내기 작성 방법/내 마음 나타내기 보기/
내 마음 나타내기 작성해 보기

8. 공부방법

내 꿈은 공부랑 상관없어! • 146

- **보물찾기 8** 학습을 지배하는 최강의 공신검 • 156
- **실천노트** 복습장 작성 방법/복습장 보기/복습장 작성해 보기

부록

가족 독서 • 170

- **실천노트** 가족독서 단계별 진행 방법/가족 독서 약속 정하기/
가족독서 5단계 예시

1. 진로계획
나의 미래는 어떤 모습일까?

"우주인이 되어서 지구가 아닌 다른 별에 사는 생명체를 만나고 싶습니다."

지은이 말에 두리는 속으로 깜짝 놀랐다. 인기투표 1위를 할 만큼 얼굴도 예쁘고 성격도 좋은 지은이 꿈이 우주인일 줄은 생각도 못했다. 자신의 꿈을 당당하게 말하는 지은이 얼굴은 어느 때보다도 더 예뻐 보였다.

"만나서 뭐 하게?"

성우가 지은이의 말꼬리를 물고 늘어졌다. 지은이는 성우의 질문에 당황하지 않았다.

"우리와 친구가 될 수 있는지 궁금하기도 하고……, 세계가 하나라고 하는데 내가 어른이 될 때는 우주가 하나 될 수 있지 않을까.”

"너는 그렇게 생각해도 만약 외계인이 나타나서, 피융피융!"

성우가 총 쏘는 동작을 하자 아이들이 맞장구를 쳤고 교실은 순식간에 소란스러워졌다. 선생님이 조용히 하라고 했지만 한참이 지나서야 회오리가 가라앉았다.

"우주인은 미래에 유망한 직업이야. 지금도 다른 별에 생명체가 있는지 연구를 하고 있는데 지은이가 어른이 되면 밝힐 수 있을 거야. 지은이 꿈 정말 멋지다."

선생님 말에 지은이가 활짝 웃었다.

"자, 나쁜 외계인이 나타나서 총을 쏠 거라고 한 성우, 성우는 꿈이 뭐야?"

"전 가수요, 가수!"

성우 말에 아이들 몇 명이 큭큭거리며 웃었다.

두리도 어이가 없었다. 저번에 야구방망이를 마이크처럼 잡고 악을 써대는 성우를 본 적이 있는데 노래라기보다 그냥 괴성이었다.

"그럼 노래해 봐."

"노, 래, 해! 노, 래, 해!"

여기저기서 아이들 말이 팝콘처럼 터졌다.

"선생님도 성우 노래 듣고 싶은데."

　선생님의 말이 떨어지자마자 기다렸다는 듯이 성우가 씩씩하게 교실 앞으로 나갔다.
　성우는 고개를 숙이고 양팔을 엑스자로 늘어뜨렸다. 아이들 몇 명은 눈을 마주치며 작은 감탄사를 내기도 했다. 성우가 팔을 천천히 위로 올리며 춤을 췄다.
　'소년전사'의 '일인칭'이라는 춤동작이었다. 처음에 시큰둥하게

보던 두리는 깜짝 놀랐다. 성우의 춤이 생각보다 멋졌다.
"우리는~ 워워워워~."
두리는 성우 노래에 또 한 번 깜짝 놀랐다. 생각보다 훨씬 못 불렀다. 저번에 악을 쓰면서 부르던 노래가 장난이 아니라 진짜였다. 결국 아이들 얼굴이 빵빵해지더니 여기저기서 웃음이 터졌고 장난스럽게 박수를 치는 아이들도 있었다. 물론 양손으로 귀를 막는 아이들도 있었다.

"다크, 시티의 소년드어어얼~."

"그만!"

"스탑스탑!"

아이들의 야유에 성우는 노래를 끝까지 부르지 못했다.

"넌 가수 못해. 그냥 춤꾼 해."

누군가의 말에 성우 얼굴이 벌겋게 달아올랐다.

"성우가 정말 춤을 잘 추네. 재능이 있는 것 같은데."

"선생님, 전 가수가 되고 싶어요."

선생님이 칭찬을 했지만 성우는 볼멘소리로 대답했다.

"너 노래 지인짜아 못 불러. 나도 노래라면 완전 꽝인데 나보다 더해."

"노래가 아니라 소음이야, 소음."

"네가 가수 하면 내가 전교 일등 한다."

뭔가 말을 하고 싶어 입술을 달싹이던 성우는 종이 울리자 자기 자리로 돌아갔다.

"오늘 발표 못 한 친구들은 다음 시간에 하자!"

선생님 말씀이 끝나자 두리의 졸였던 마음이 쫙 펴졌다. 친구들이 로봇공학자, 경찰관, 프로파일러, 가수 등이 되고 싶다고 할 때마다 두리는 답답했다.

자신은 뭐가 되고 싶은지 몰라서였다. 학년이 올라갈 때마다 '나의 꿈'을 발표하는데, 작년에는 선생님이라고 했다. 선생님이라는 직업에 관심이 있거나 되고 싶어서가 아니라 없다고 하는 것보다는 나아서였다.

작년처럼 이번에도 아무 거나 말하려고 했지만 왠지 그러면 안 될 것 같았다. 친구들은 화가도 되고 싶고 외교관도 되고 싶고 항공조종사도 되고 싶다고 했지만 두리는 아무것도 떠오르는 게 없었다.

"어, 너 얼굴이 터진 만두 같아."

누나가 거실에 앉아서 아이스크림을 통째로 퍼먹고 있었다. 중학생인 누나는 이번 주가 시험 기간이라서 집에 빨리 온다.

두리는 표정 없이 손만 한 번 흔들고 방으로 향했다.

"한두리, 스탑!"

두리가 걸음을 멈추고 고개를 돌리자 누나가 검지로 소파를 가리켰다.

"왜에에?"

"어허? 너 누나한테 반항하는 거야?"

누나 눈꼬리가 살짝 올라가자 두리는 얼른 누나 옆자리에 가서 앉았다. 누나랑 싸워서 이겨본 기억이 없기 때문이다. 예전에 대들다가 누나의 뒷발차기에 정신을 잃은 뒤로는 반항할 생각을 완전 접었다. 누나가 아이스크림을 건넸지만 두리는 고개를 저었다.

"야, 너 내 얼굴 똑바로 봐봐."

누나가 두리 얼굴을 양손으로 잡고 요리조리 살폈다. 두리는 짜증을 내며 양팔로 누나 손을 떼어 냈다.

"왜 그래?"

"터진 만두라고 했는데도 가만히 있고, 아이스크림 먹자고 하는데도 싫다고 하고. 내 동생은 한두리인데 너는 누구냐? 두리의 탈을 쓴 늑대냐아아아? 정체를 밝혀라!"

"아 쫌!"

두리는 순간적으로 짜증이 났다. 누나 눈이 반짝였다. 엄마처럼 눈치가 진짜 빠르다.

중학교 2학년인 누나는 초등학교 때부터 하루는 발레리나, 하루는 디자이너, 하루는 영화배우 등 매번 꿈이 바뀌었다. 그러던 어느 날, 텔레비전에서 전쟁으로 다친 아이들을 돕는 국제구호센터의 활동을 본 뒤 국제구호활동가가 되겠다고 했다. 그 다음부터는 아직까지 꿈이 바뀌지 않고 있다. 그래서 다른 공부는 몰라도 영어는 열심히 한다.

"국제구호활동가가 되려면 영어는 필수야. 세계 여러 나라의 사람들과 함께 일해야 하니까. 나중에 아프리카어를 배워야 할

지도 몰라."

또 체력을 키우기 위해 태권도도 배우고 있다. 자기 몸은 자기가 지켜야 한다나 뭐라나.

"누나 아직도 국제구호활동가 할 거야?"

"응. 그건 왜 물어?"

"내가 알아보니까 그거 위험하고 힘들다던데."

국제구호활동가는 빈곤과 전쟁, 예기치 못한 재난을 당한 사람들을 돕는 일을 하는데, 구호 활동을 하다가 목숨을 잃는 경우도 있다.

"어쭈, 너 나 걱정하는 거야."

누나가 두리 머리를 붙잡고 흔들더니 놔줬다.

"나중에 변할지 모르지만 아직까지는 국제구호활동가야. 아이들을 돌볼 수도 있고 학교를 세우거나 집을 만드는 데 보탬이 될 수도 있고, 아픈 사람을 치료할 수도 있고……. 근데 너 내 꿈에 왜 이렇게 관심이 많아? 너도 국제구호활동가에 관심 있는 거야? 으응?"

누나 말에 두리는 가슴이 따끔거렸다. 두리는 누나한테 솔직하게 이야기하기로 마음을 먹었다.

"누나, 난 뭐가 돼야 할지 모르겠어. 축구도 좋아하고 야구도 좋아하지만 내가 축구 선수나 야구 선수가 되고 싶은 건 아니거든."

두리는 운동을 못한다. 팀을 나눠서 축구를 할 때면 헛발질하는 자신이 맨 마지막에 선택된다.

"그렇구나."

누나 말에 두리는 맥이 풀렸다.

"운동선수가 되려면 어느 정도 재능이 있어야 하는데 넌 꽝이지, 꽝. 네가 운동선수가 될 가능성은 제로야."

텔레비전에서 아픈 사람을 낫게 해 주는 의사나 죄를 판결하는 판사를 볼 때면, 그런 사람이 되고 싶다는 생각이 들 때도 있지만 그러려면 공부를 잘해야 한다. 하지만 공부는 생각만 해도 머리가 아팠다. 영화감독, 지휘자 같은 사람을 보면 멋있기는 하지만 저런 일은 자신처럼 평범한 사람은 도전하는 게 아닌 것만 같았다.

"두리야, 아직 네가 뭘 잘하는지 몰라서 그래."

"내가 잘하는 게 있을, 아얏!"

누나가 두리한테 딱밤을 먹였다.

"세상의 모든 사람은 다른 사람보다 잘하는 게 한 가지는 있어. 그걸 빨리 아는 사람도 있고 늦게 아는 사람도 있는 거지. 과일가게 앞 사거리에 있는 빵집 아저씨 있잖아, 그 아저씨 의사였대."

"으엥!"

"자신이 진짜 좋아하고 잘하는 게 빵 만드는 일이라는 걸 뒤늦게 안 거야. 늦었지만 자신의 꿈을 발견한 거지. 멋지지?"

두리는 '공씨네 빵집'이라는 촌스러운 이름의 빵집 아저씨를 떠올렸다. 얼굴이 뾰족하게 생겼지만 빵을 만들 때 아저씨 모습은 언제나 싱글벙글이었다.

"인기 있다고 이거 하고, 좋아 보인다고 저거 하고 하는 것보다는 시간이 걸려도 정말 네가 하고 싶은 것을 찾는 게 좋아. 틀림없이 네가 좋아하고 잘할 수 있는 일이 있을 거야."

 잔소리쟁이에 짜증만 내는 누나라고 생각했는데 오늘따라 왠지 누나가 든든했다.

 "누나! 그런데 있잖아, 할아버지가 돼도 못 찾으면 어떡하지?"

 "으에엑!"

 두리의 장난스러운 말에 누나가 비명을 질렀다.

 다음날 국어 시간에 두리는 자리에서 일어났다. 아이들이 기대에 찬 표정으로 자신을 보는 것 같았다.

 "사실 저는 아직까지 뭐가 되고 싶은지 잘 모르겠습니다. 축구도 야구도 좋아하고 게임도, 노래도, 영화도 좋아해요. 하지만 좋아하는 일을 직업으로 가질 수 있는지 없는지도 잘 모르겠어요. 그래도 언젠가는 제가 좋아하고 잘하는 일을 발견할 수 있을 거

라고 믿어요. 어떤 일을 할지는 모르지만, 멋진 어른이 될 거예요."

두리는 쑥스러워하며 자리에 앉았다. 박수 소리가 나왔다. 옆에 앉은 지은이가 조그마한 소리로 "멋져!"라고 응원했다. 두리는 멋진 어린이가 된 것 같았다.

미래와 연결된 문을 여는
진로의 열쇠

세상은 넓고 할 일은 많다

여러분이 알고 있는 직업은 어떤 것이 있나요? 또 우리나라에는 얼마나 많은 직업이 있을까요? 여러분, 놀라지 마세요. 우리나라의 직업 가짓수는 1만 개가 넘어요. 정말 엄청난 숫자라고 할 수 있죠? 여러분이 알고 있는 직업 중에서 의사, 변호사, 가수, 운동선수는 쉽게 말할 수 있지만 온실가스관리컨설턴트, 인공지능전문가, 빅데이터전문가 같은 직업은 잘 모르는 친구들도 많을 거예요.

직업은 시대에 따라 없어지기도 하고 새로 생기기도 해요. 예전에는 버스안내양이나 굴뚝청소부도 있고 전화교환원도 있었지만 지금은 없어졌어요. 스마트폰으로 게임이나 영화를 볼 수 있는 애플리케

==이션개발자는 스마트폰이 나오면서 생긴 직업이지요.==

그러니까 여러분은 미래에 사라질 직업이 아니라 미래에도 유망한 직업을 선택해야 해요. 4차 산업혁명이라는 말을 들어본 적이 있을 거예요. 4차 산업혁명으로 720만 개의 일자리가 사라지고, 200만 개의 일자리가 생긴다고 해요. 4차 산업혁명은 정보통신기술의 융합으로 이뤄지는 차세대 산업혁명으로, 인공지능, 빅데이터, 로봇공학, 3D 인쇄, 나노 기술 등이 핵심이에요. 4차 산업혁명과 관련된 직업들도 많은 만큼 이런 직업에 대해 알아보고, 여러분의 재능과 연결시키는 것이 중요해요.

다양한 직업에 대해 알아보세요

==첫째,== 직업이나 진로 체험과 관련된 책을 읽고, 인터넷에서 자료를 찾아보아요. 이때 4차 산업혁명과 관련된 직업을 조사하는 것은 필수겠지요. 둘째, 직업 체험을 해 보세요. 재미있는 소설을 쓰는 작가가 되고 싶다면 직접 소설을 쓰거나 글짓기를 해서 평가를 받아요. 요리사라면 내가 하고 싶은 요리를 만들어 보는 것도 좋은 방법이에요. ==셋째, 항공기조종사나 국제구호활동가처럼 체험하기 힘든 직업이라면 직업과 관련된 다큐를 보는 것도 좋아요.==

잘하는 일과 좋아하는 일

　좋아하는 일과 잘하는 일이 같다면 직업을 선택하기가 쉽지요. 하지만 좋아하는 일과 잘하는 일이 다르다면 어떻게 해야 할까요?
　성우는 가수가 되고 싶어하지만 노래 실력이 그 정도는 아니에요. 친구들과 선생님이 보기에 성우는 춤을 잘 추기 때문에 춤꾼이 되면 좋겠다고 생각했지요. 직업을 선택할 때 좋아하는 일을 하는 것은 중요해요. 하지만 여러분, 생각해 보세요. 성우의 노래가 사람들에게 감동을 주기는커녕 소음으로 느껴진다면 성우가 보람을 느낄 수 있을까요?
　마이클 조던은 미국의 전설적인 농구 선수로 득점왕 10회, 최우수선수에 5회나 뽑혔고 소속 팀인 시카고 불스가 여섯 번이나 우승을 하는 데 큰 공을 세웠어요. 마이클 조던은 어렸을 때부터 야구와 농구를 했는데 고등학교 시절부터 농구 선수로 활약했고, 타고난 재능과 노력으로 최고의 농구 선수 자리에 올랐어요. 아버지가 돌아가신 후 충격으로 은퇴를 한 마이클 조던은 아버지가 좋아했고 자신이 좋아했던 야구 선수가 되었어요. 정말 대단한 일이긴 하지만 마이클 조던의 열정과 다르게 야구 선수로는 주목받지 못했어요. 2년 동안 마이너리그에서 전전하던 마이클 조던은 야구를 그만둔 뒤 다시 농구 코트로 돌아왔어요.

농구 관계자들은 그의 복귀에 시큰둥했지만 그는 3년 연속 팀을 미국 NBA 우승으로 이끄는 활약을 펼쳤어요. 마이클 조던은 농구에 타고난 재능이 있었던 거예요.

직업을 선택할 때 잘하고 좋아하는 것을 찾는 것이 가장 중요해요. 잘하고 좋아하는 것이 같다면 보람도 느끼고 행복하겠지요. 물론 돈도 벌 수 있고요.

하지만 좋아하는 일과 잘하는 일이 다를 때는 어떡해야 할까요? 이럴 때는 잘하는 것을 선택하는 것이 좋은데 잘하는 것이 바로 재능이에요. 잘하는 것을 꾸준히 하면 성공할 확률이 높고, 그 결과 좋아하는 일을 취미로 할 수도 있어요. 하지만 반대로 재능이 없으면서도 좋아하는 것을 하면 성공 가능성이 낮아지고, 그 결과 내가 좋아하는 일도 싫어하게 될 가능성이 커져요.

롤모델을 찾아라

미국의 시카고 대학교는 1892년 설립할 때부터 40여 년 동안 그저 평범한 대학이었어요. 그런데 1929년 로버트 허친스가 5대 총장이 되면서부터 달라졌어요. 허친스 총장은 대학생들을 위한 '시카고 플랜'을 만들었는데, 이것은 세계의 위대한 고전 100권 읽기와 책 속 롤모델을 찾아 연구하는 거였어요.

'시카고 플랜'이 시작된 뒤로 시카고 대학교는 수많은 노벨상 수상자를 배출하며 세계의 명문대학으로 자리 잡았어요.

시카고 대학교의 졸업생들처럼 여러분도 롤모델을 만들어 보세요. 꼭 한 명일 필요는 없어요. 두 명이 될 수도 세 명이 될 수도 있죠. 하지만 꼭 한 명만 선택하라고 했을 때 선택할 수 있는 한 명의 롤모델을 갖고 있어야 해요. 물론 나의 진로와 관련해서 좋은 업적을 남기고 사회에서 좋은 평가를 받는 사람을 찾으면 돼요.

예를 들어 의사가 되고 싶다면 아프리카에서 치료도 못 받고 죽어가는 사람들을 위해 헌신한 이태석 신부님을 롤모델로 삼을 수 있어요.

롤모델은 나의 꿈과 직접 관련이 없어도 누구한테나 존경받는 사람으로 생각해 볼 수도 있어요. 나라와 민족을 구한 이순신 장군이나 한글을 발명한 세종대왕은 장군이나 대통령을 꿈꾸는 학생이 아니더라도 누구한테나 좋은 롤모델이 될 수 있어요.

롤모델은 신중하게 정해야겠지만 롤모델을 정한 뒤에는 구체적인 자료를 모아야 해요. 롤모델에 관련된 영상, 인터넷 자료, 책, 백과사전 등을 보며 비전, 장점, 배울 점을 정리해요. 롤모델이 한 말 중에서 감동적인 말을 적어 수첩이나 책상 위에 붙여두는 것도 좋은 방법이에요.

롤모델 작성 방법

1. 왜 기록해야 할까요?

롤모델이 가졌던 장점과 비전을 알고 기록해 봄으로써 자신이 어디로 나아가야 하는지 알 수 있어요. 또한 내가 어떤 태도와 역량을 키워야 할지 동기부여가 될 수 있어요.

2. 무엇을 기록해야 할까요?

① 롤모델을 찾아 사진을 붙여 보아요.
내가 닮고 싶은 사람이 있나요? 미래에 그 사람처럼 살고 싶나요? 있다면 그 사람이 나의 롤모델이에요. 롤모델을 찾았으면 사진을 붙여 보세요.

② 롤모델이 가졌던 꿈과 비전을 적어 보아요.
롤모델이 가졌던 꿈은 무엇인가요? 나의 롤모델이 자신의 꿈을 통해 다른 사람을 어떻게 도우려 했는지 적어 보세요.

③ 롤모델의 장점을 적어 보아요.
롤모델은 어떻게 비전을 이룰 수 있었을까요? 비전을 이룰 수 있었던 롤모델의 장점이 있을 거예요. 그것을 적어 보세요.

④ 롤모델을 통해 내가 배우고 싶은 것을 적어 보아요.
롤모델을 통해 꼭 배우고 싶은 핵심 단어를 세 가지 정도 적어 보세요. 뽑은 단어에 대한 간단한 설명을 덧붙이면 더욱 좋아요.

⑤ 롤모델에게 편지를 써 보아요.
먼저 롤모델의 사진 속 모습을 바라보아요. 내가 적은 롤모델의 비전, 장점, 배우고 싶은 점을 떠올리며 사진 속 롤모델과 대화해요. 이후 적은 내용과 대화를 참고해 롤모델에게 편지를 써요.

롤모델 보기

● 롤모델 사진 붙이기

● 롤모델이 가졌던 꿈&비전
페이스북을 창업하여 가상 공간 상에서 세계를 연결

● 롤모델의 장점
컴퓨터를 좋아하고 잘다룸 어려운 일을 사람들과 토론을 통해 대화함.

● 내가 배우고 싶은 점
■ 열정: 프로그램 개발
■ 기부: 어려운 이웃 도움
■ 겸손: 부자임을 뽐내지 않음.

● 롤모델에게 편지쓰기 저커버그 아저씨 안녕하세요? 페이스북을 만들어 일자리를 제공해주시고 가상공간에서 세계를 연결시켜 주셔서 감사해요. 아저씨는 컴퓨터를 잘다루신다고 들었어요. 그리고 어려운 일이 있을 때 마다 사람들과 토론을 통해 결론을 내셨다고 들었는데 대단하신 것 같아요. 저도 아저씨처럼 검소하고 겸손하게 살아가면서 어려운 이웃도 많이 도와주고 싶어요. 그럼 안녕히계세요.

롤모델 작성해 보기

● 롤모델 사진 붙이기

● 롤모델이 가졌던 꿈 & 비전

● 롤모델의 장점

● 내가 배우고 싶은 점
-
-
-

● 롤모델에게 편지쓰기

_____
_____
_____
_____
_____
_____

2. 꿈·비전
잘 먹고 잘 사는 게 뭘까?

"부우웅."

"아얏."

승주는 오른손을 머리에 갖다 댔다. 블록 비행기가 앉아 있던 승주의 머리를 쳤다. 눈물이 쏙 나올 만큼 아팠다.

"으헤헤헤. 형아 같이 놀자."

아이의 웃음 소리에 승주는 화가 났다. 승주는 인상을 쓴 채 웃고 있는 아이를 째려봤다.

"야! 이럴 땐 웃는 게 아니라 사과해야 하는 거야."

친구들과 축구하고 있을 토요일 오후에 영아원에 오는 것도 짜증나는데 머리까지 맞은 승주는 화가 나 밖으로 걸어 나갔다.

"형아, 공차기 하자."

승주가 밖으로 나가기도 전에 아이들이 따라붙었다. 아이들과의 공차기는 공차기가 아니다. 모든 아이들이 공을 찰 수 있도록 신경을 쓰지 않으면 울고불고 난리가 난다. 승주의 속마음과 상관없이 아이들은 신난 얼굴이었다.

한 달 전이었다. 할머니 생신이어서 오랜만에 작은아버지, 작은엄마, 사촌, 고모까지 모였다.

사촌 동생 영수가 멋지게 춤을 추고 노래를 불렀다. 승주는 모든 사람의 시선이 영수한테 가자 살짝 샘이 났다. 그런 승주 마음을 알아차린 엄마가 수학경시대회에서 승주가 상 받은 사실을 알렸고, 친척들은 승주를 칭찬했다.

"우리 승주는 의사 선생님이 되겠다고?"

"네!"

"그래, 사람 목숨 살리는 의사는 꼭 필요하지. 보람도 느끼고."

할머니가 그렇게 말씀하셨을 때 승주는 자기 입을 꼭꼭 막았어야 했다.

"돈도 많이 벌잖아요."

"그래? 돈 많이 벌어서 뭐 하려고?"

"잘 먹고 잘 살려고요."

그때라도 할머니의 미간이 좁혀지는 것을 빨리 알아차렸어야 했다.

"잘 먹고 잘 살려고? 그래, 네 말이 맞다. 중요한 거지. 그런데 잘 먹고 잘 사는 게 어떤 거냐?"

승주는 할머니가 이상했다. 보통 '잘 먹고 잘 살려고요' 하면 대부분의 사람들은 '맞다, 맞아' 하면서 웃으며 끝이 났다.

"호텔 같은 집에서 살고요, 차도 여러 대 사요. 집에 게임기도 놓고 운동화 장식장도."

아빠가 눈을 맞추며 손을 젓지 않았다면 승주는 끊임없이 이야기했을 거다. 미국의 유명한 래퍼처럼 수십 대의 스포츠카를 사고 파티를 하며 뽐내며 살고 싶다고.

할머니가 자신의 말을 못마땅하게 생각한 것은 알았지만 한 달에 두 번 영아원으로 봉사 활동을 가자고 할 줄은 몰랐다. 아빠와 엄마한테 도움을 요청했지만 어쩔 수 없었다.

"할머니, 언제까지요?"

"잘 먹고 잘 사는 게 뭔지 알 때까지."

승주는 충분히 알고 있다고 대답하고 싶었지만 참았다.

승주가 할 일은 네다섯 살 된 기린반 아이들과 놀아 주는 거였다. 성격도 제각각, 좋아하는 놀이도 제각각인 아이들과 놀아 주는 일은 쉽지 않았다. 별거 아닌 일로 싸우고 울기 일쑤였고 오줌을 못 가리는 아이 때문에 옷을 버린 적도 있었다.

어느 정도는 각오한 일이지만 문제는 아이들이 시시때때로 승주를 골탕 먹인다는 사실이다. 음료수를 이것저것 섞어서 주기도 하고 옷에 이상한 찍찍이를 붙일 때도 있었다. 등 뒤에서 말랑공을 던질 때도 있고 승주 핸드폰을 숨겨 놓고 돌아갈 시간이 되자 찾았다며 내민 적도 있다. 하지만 이런 사고뭉치들도 선생님이나 다른 자원봉사자 앞에서는 순한 양으로 돌변했다.

 승주는 자신을 골탕 먹이는 아이들한테 화를 낼 수 없었다. 영아원에서 호호 할머니라고 불리는 승주 할머니는 아이들, 선생님, 자원봉사들 사이에서 인기가 많았다. 그래서 승주는 말을 하는 것도 행동을 하는 것도 조심스러웠다.

"재미없는 형이랑 노느라 힘들었지? 오늘은 무슨 얘기 해 줄까?"

 할머니 말에 승주는 고개를 절레절레 흔들었다. 당장이라도 그만두고 싶다는 생각이 들었지만 고작 세 번 오고서 그만두기에는 자존심이 상했다.

 할머니의 동화구연 시간이다. 할머니 주변으로 기린반 아이들이 모여들었다. 그중에는 드러눕는 아이들도 있었다.

"뿌우우웅 뿌우우우웅."

 할머니가 엉덩이를 위로 향한 채 방귀 뀌는 소리를 내자 아이들이 떼구르르 구르며 난리가 났다. 승주가 어렸을 때 할머니가

그림책을 읽어 준 적이 있었는데 그때는 지금처럼 재미가 없었다. 좀 전까지 귀찮기만 했던 아이들이 눈을 반짝이며 귀를 기울이는 모습을 보자 승주는 뒤늦게 동화구연전문가가 된 할머니가 멋져 보였다.

승주는 방에서 나왔다. 할머니가 동화구연을 하는 동안 안 보이는 곳에 가서 핸드폰 게임이나 할 생각이었다.

"어이, 꼬맹이."

소리가 들리는 곳을 보자 지난주에 만났던 아저씨가 보였다. 아저씨는 마당 한편에 화단을 만들고 있었다.

"꼬맹이 아니거든요."

승주는 입을 한다발은 내민 채 기분 나쁜 티를 냈다.

"꼬맹이 아닌 네 이름은?"

"승주요, 성은 김 씨고요."

"나는 박정호, 여기서는 뚝딱 아저씨지."

아이들은 이곳에 봉사 온 사람들한테 별명을 붙였다. 호호 할머니, 술술 아줌마, 공주 언니, 뚝딱 아저씨 등등. 별명이 없다는 것은 아직 친하지 않다는 뜻이 된다. 친하기 전에 더는 이곳에 안 오든지.

"물 한 잔만 갖다 줄래?"

양손에 흙이 잔뜩 묻어 있는 것을 본 승주는 주방에 가서 물을 갖고 왔다. 아저씨는 단숨에 물을 들이켰다.

"아, 고맙다. 잘 마셨다."

승주는 아저씨가 내민 컵을 받아 들었다.

"할머니를 따라서 오기는 왔는데……, 여기가 마음에 들지 않는 모양이구나?"

"어떻게 아세요?"

자기도 모르게 속마음이 나온 승주는 아차 싶었다.

"인마, 네 얼굴에 딱 쓰여 있어. 나 여기 싫어요, 라고. 지금도 핸드폰으로 시간이나 때우려고 하는 거 아니야? 걱정 마. 호호 할머니께는 말씀 안 드릴 테니. 너 하고 싶은 대로 해."

아저씨가 뭘 같이 하자고 할까 봐 마음을 졸였던 승주는 아저씨 말에 은근히 기분이 나빴다.

"봉사는 마음에서 우러나야 하는 거지, 시킨다고 하는 게 아니거든. 그리고 너 지금 그 마음으로 해봤자 아이들한테도 안 좋아."

돌아서려던 승주의 눈에 아저씨의 불편한 다리가 들어왔다. 승주는 컵을 주방에 갖다 놓은 뒤 아저씨 옆에서 일을 거들었다.

토론 연습을 한다는 이유로 지난번 영아원 오는 날 빠졌더니, 그새 마당 한편에 노랑, 분홍 꽃들이 어우러진 작은 꽃밭이 생겼다.

할머니를 본 아이들이 할머니 품으로 뛰어들며 재잘거렸다.

"정운아, 이리 와. 승주 형 기다렸잖아."

선생님 말에도 정운이는 조금 떨어진 곳에서 고개를 숙인 채 움직이지 않았다. 잘 웃고 잘 울고 잘 삐치는 아이였다.

"똥침을 놔서 안 오는 줄 알고, 정운이가 많이 미안해했어."

똥침을 놓은 범인은 정운이었다.

승주도 정운이한테 미안했다. 토론 대회에 나가기는 하지만 그날 토론 연습을 제대로 하지도 않고 친구들과 영화관에 가서 놀았다.

승주는 아이들과 함께 놀이방으로 갔다. 놀이방에는 못 보던 장난감들이 생겼다.

"형, 이거 멋있지? 정말 좋지, 응?"

"우아, 정말 멋지다. 나도 갖고 놀까?"

승주 말에 아이들은 깔깔거리며 장난감 자랑을 늘어놓았다. 아이들은 자기가 좋아하는 장난감들을 갖고 놀며 수시로 승주한테 말을 걸었다. 승주는 한편이 되기도 하고 악당이 되기도 했다.

"정운아, 이리 와 봐."

승주는 구석에서 조용히 로봇을 갖고 놀던 정운이를 불렀다. 정운이는 눈을 깜박이며 천천히 다가왔다.

"정운아, 손 깨끗이 씻었지?"

정운이가 무슨 영문인지 몰라서 승주 얼굴만 빤히 봤다.

"형 똥꼬 찌르고 손 깨끗이 씻었냐고? 제대로 안 씻으면 무서운 세균이."

승주가 몸서리치는 동작을 하자 정운이도 몸을 떨며 자기 손을 봤다.

"저번에 중요한 시험이 있어서 못 왔어. 설마 이 용감한 형이 그깟 똥침 때문에 안 왔겠어?"

"형, 그 말 진짜지?"

승주가 맞다고 하자 정운이가 다른 아이들한테 이야기해 달라고 했다. 승주가 안 오자 정운이는 아이들 사이에서 따돌림을 당한 듯했다. 승주는 아이들을 모아놓고 중요한 시험 때문에 못 왔는데 정운이를 따돌린 것은 잘못된 행동이라고 말했다.

"형, 그러면 계속 오는 거죠?"

머릿속으로 오만가지 생각이 들었지만 아이들의 기대에 찬 눈빛을 보자 승주는 결심했다.

"그럼."

승주 말에 아이들이 박수를 치고 엉덩이춤을 추고 난리가 났다.

뚝딱 아저씨는 텔레비전에도 출연한 유명한 사람이었다. 소아마비였던 아저씨는 자신이 할 수 있는 일이 없다고 생각했지만 자원봉사를 하던 누나 덕분에 자신의 비전을 세우고 즐겁게 살 수 있었다는 이야기를 해 주었다. 아저씨는 가스, 전기, 건축 관련 자격증도 6개나 되는데 모두 봉사를 위해서 딴 자격증이라고 했다.

"네가 잘 먹고 잘 사는 것은 나도 바라는 바다. 하지만 세상이 제대로 돌아가려면 혼자만 잘 먹고 잘 살면 안 돼. 주변도 돌아보면서 서로 돕고 살아가야지. 우리 승주가 많은 사람들을 행복하게 만들어 주고 삶의 보람을 느꼈으면 좋겠다."

"할머니 저는요, 어른이 되면 잘 먹고 잘 살 거예요."

할머니 미간이 좁혀지려는 찰나 승주는 얼른 말을 덧붙였다.

"함께 잘 먹고 잘 살 거예요."

보물찾기 2

꿈과 미래를 볼 수 있는
비전망원경

나만이 아니라 우리 모두를 위한 꿈

원하던 부자가 되고 로봇개발자가 되고 아이돌이 되었을 때 '꿈'을 이루었다고 하지 '비전'을 이루었다고 하지 않아요. 비전(vision)은 나만을 위한 꿈이 아니라 나를 포함한 우리 모두를 위한 꿈이라고 할 수 있어요. 또 비전은 나만의 이익이 아니라 다른 사람들의 이익도 함께 생각하는 거지요.

의과대학을 졸업하고 사제가 된 이태석 신부는 전쟁으로 폐허가 된 아프리카 수단의 남부 톤즈로 갔어요.

가난과 질병 속에서 살고 있는 사람들을 위해 이 신부는 병원을 세워 아픈 사람들을 치료하는 한편 아이들을 위해 초등학교, 중학교,

고등학교의 교실을 모두 갖춘 학교도 설립했어요. 또 전쟁으로 상처 받은 아이들의 마음을 치료하기 위해 음악을 가르쳤고, 톤즈 브라스 밴드를 만들어 공연을 하기도 했지요.

가난한 이들과 함께 살아가며 꿈과 희망을 전하던 이태석 신부는 자신의 건강을 돌보지 못해 2010년 세상을 떠났어요. 하지만 많은 사람들에게 사랑을 베풀며 나눔을 실천한 이태석 신부는 오늘날에도 많은 사람들에게 큰 감동을 주고 있어요.

마이크로소프트사의 설립자 빌 게이츠도 마찬가지예요. 빌 게이츠는 "주는 만큼 받아야 된다고 생각하지 말라. 아낌없이 주는 나무가 되라"며 자신이 죽는다면 세 자녀에게 일정 금액만 남기고 나머지 재산은 모두 기부하겠다고 밝혔어요.

이렇게 이태석 신부나 빌 게이츠는 나만 잘 살고 나만 즐거운 게 아니라 다른 사람의 행복을 위한 비전을 갖고 있어요.

여러 가지 장애를 극복하는 힘

비전은 나이, 신체, 환경 등 여러 가지 장애를 극복하는 큰 힘이 돼요. 보지도 듣지도 말하지도 못하는 헬렌 켈러가 공부를 하고 박사가 될 수 있었던 건 설리번이라는 훌륭한 선생님이 있었기 때문이죠. 설리번의 비전이 헬렌 켈러를 변화시켰다고 할 수 있어요.

어머니가 돌아가신 뒤 동생과 함께 고아원에서 살던 설리번은 동생이 죽자 충격으로 말을 잃어버리고 마음의 문을 닫았어요. 자원봉사를 하던 은퇴한 한 간호사가 없었다면 설리번은 정신병동에서 계속 지냈을지 몰라요. 간호사는 진심으로 다가가 설리번한테 희망의 빛을 줬어요. 설리번은 자신을 도와준 간호사처럼 도움을 필요로 하는 사람한테 희망이 되고 싶다는 비전을 가졌고, 그런 비전 덕분에 헬렌 켈러의 잠재력을 깨우고 배움의 기쁨을 알게 한 거죠.

인생을 바꾸는 비전선언문

성공이란 무엇일까요? 좋은 직업을 갖고 부자가 되면 성공했다고 할 수 있을까요?

미국의 사상가이자 시인인 랠프 에머슨은 성공한 인생을 "세상을 조금이라도 살기 좋은 곳으로 만들고, 한 사람의 인생이라도 행복해지게 하는 것"이라고 했어요. 이것이 바로 비전이에요.

비전을 마음속으로만 갖고 있다면 이런저런 상황 때문에 펼치지 못할 수도 있어요. 자신이 가진 비전을 이루기 위해서는 비전선언문을 만드는 것이 좋아요. 등대와 북극성을 보고 방향을 잃지 않고 길을 찾듯이 비전선언문이 있다면 힘들거나 어려운 상황에서도 힘을 낼 수 있어요.

비전선언문 작성 방법

1. 왜 기록해야 할까요?

과거 탐험가들이 새로운 항로를 개척할 수 있었던 이유는 나침반 때문이었어요. 비전선언문은 우리가 미래에 펼칠 꿈을 달성하고 세상을 아름답게 하기 위한 나침반과 같은 존재예요.

2. 무엇을 기록해야 할까요?

① 내가 잘하거나 좋아하는 일을 생각나는 대로 모두 적어 보아요.

적은 것 중에서 가장 잘하고 좋아하는 것을 두 개 선택해요. 피자나 치킨을 먹는 것이 될 수도 있고, 인기 있는 게임이 될 수도 있어요.

② 자신의 이름을 적어 보아요.

이름을 적는 것은 비전선언문의 주인공이 나라는 것을 알리는 일이에요.

③ 잘하고 좋아하는 것과 관련된 직업을 적어 보아요.

내가 가장 잘하고 좋아하는 것과 관련된 직업을 생각해 보아요. 예를 들어 놀기, 컴퓨터를 정했다면 컴퓨터프로그래머, 탐험가, 놀이연구가, 여행컨설턴트, 방송 피디 등이 될 수 있겠지요.

④ 누구를 도와주고 싶은지 적어 보아요.

의사가 된다면 도와줄 수 있는 사람들이 많아요. 아프고 가난한 환자들이 대상일 수 있고, 아프리카에서 제대로 치료를 못 받는 사람일 수도 있어요.

⑤ 어떻게 도와주고 싶은지 적어 보아요.

파티시에가 된다면 자신이 만든 빵으로 봉사를 할 수도 있고, 자신의 가게를 크게 키워서 도움이 필요한 사람들한테 빵 굽는 기술을 가르쳐 줄 수도 있어요.

⑥ 나는 어떤 준비를 해야 할지 적어 보아요.

파티시에나 의사가 되기 위한 공부방법이나 시간관리, 독서계획 등을 적어 보세요. 비전을 이루는데 어떤 준비를 하느냐가 중요해요. 내가 이루고 싶은 모습과 남을 도우면서 보람을 느끼는 모습을 상상하면 동기부여가 된답니다.

비전선언문 보기

내가 잘(성공)하거나
좋아하는 일을 적어보세요

1. 친구 사귀기   13. 판단하기
2. 말하기   14. 친구고민 해결
3. 음악 듣기
4. 영어 (회화)
5. 피구
6. 친구 도와주기
7. 발표하기
8. 책읽기
9. 뉴스보기
10. 그림그리기
11. 글쓰기
12. 토론하기

왼쪽에 적은 단어 중 잘하고
좋아하는 단어를 적어 보세요

말하기

→

판단하며
토론하기

나   이 은지   은(는)

비전, 공부하기, 말하기, 올바르게 판단하기   을(를) 통해

재판에 선 사람을   을(에게)

따뜻한 시선을 주고 정확한 판결을   하는

공평한 판사가 된   다.

비전선언문 작성해 보기

내가 잘(성공)하거나
좋아하는 일을 적어 보세요

왼쪽에 적은 단어 중 잘하고
좋아하는 단어를 적어 보세요

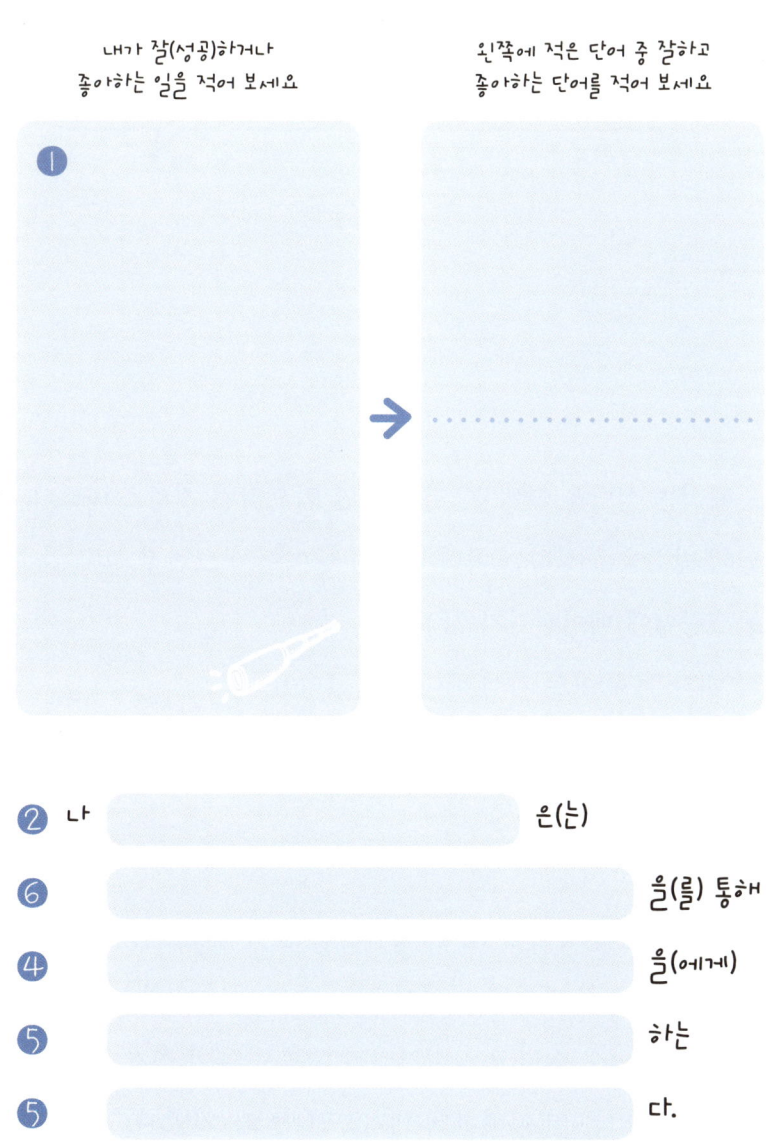

② 나 _____ 은(는)

❸ _____ 을(를) 통해

④ _____ 을(에게)

⑤ _____ 하는

⑤ _____ 다.

3. 긍정습관
모두가 나만 미워해

해리는 식탁을 슬쩍 본 뒤 조금만 먹으려던 계획을 바꿨다. 자연식 밥상을 주장하는 아빠가 출장 중이어서 그런지 식탁 위에는 동그랑땡에 베이컨까지 있었다.

"내가 어제 마트 가서 베이컨 집었다아."

베이컨을 집은 나리가 자랑스럽게 말했다. 자기 덕에 베이컨을 먹는다는 거였다.

"치!"

나리한테 '고맙다'는 말은 절대절대 할 수 없다. 엄마는 불공평하다. 마트에 갈 때마다 자신이 집는 것은 번번이 안 된다고 하면서 나리가 먹고 싶다고 징징거리면 대부분 들어준다.

"베이컨 먹은 거 아빠한테 얘기하면 안 돼. 알았지?"

엄마 말에 나리는 큰 소리로 대답했지만 해리는 대답을 안 했다.

해리는 맛있게 밥을 먹었는데 어찌 된 것인지 식사 중 계속 나리의 젓가락과 부딪쳤다. 짜증이 나기는 했지만 그럴 때마다 기다려 주며 젓가락질을 멈췄다. 나리 덕분에 먹는 거니까 이 정도는 양보하겠다는 생각이었다. 하지만 고마워하는 기색도 없이 반찬을 날름날름 집어 먹는 나리가 얄미웠다.

밥을 먹는 동안 엄마의 말만 허공에 떠다녔다. 언제나 똑같은 말이다. 선생님 말씀 잘 듣고, 공부 열심히 하고, 수업 끝나면 곧바로 집에 와서 숙제하고 등등.

"으흠."

외롭게 접시 위에 있는 베이컨 한 조각이 보였다. 나리를 보자 나리 젓가락에는 동그랑땡이 집혀 있었다. 천천히 목표물을 향해 젓가락을 갖다 대려는데 나리가 재빠르게 베이컨을 집었다. 입 안이 불룩한 것을 보니 동그랑땡은 벌써 입 안에 들어가 있는 것이다.

"야아!"

해리는 나리의 젓가락을 쳤다.

"으엑!"

베이컨이 떨어졌다. 해리가 집으려는 순간 엄마의 젓가락이 빨랐다.

"먹는 거 가지고 싸우는 거 아냐!"

먹을 거로 싸우는 게 제일 치사하다는 이야기는 귀가 아프도록 들었다. 베이컨의 주인이 엄마가 됐는데 어찌할 도리도 없다.

그런데 오 마이 갓이다. 엄마가 베이컨을 나리의 밥 위에 살포시 얹어 주었다. 해리는 부글부글 끓어올랐다. 불공평하다.

"나 밥 안 먹어!"

해리가 숟가락을 거칠게 놓자 엄마 눈꼬리가 올라갔다.

"아니, 얘가? 먹지 마, 먹지 마. 언니가 동생이랑 베이컨 한 조각 갖고 아침부터 싸우기나 하고."

엄마가 나리 편을 들자 해리는 억울했다. 자기는 베이컨을 세 조각 먹었고 나리는 다섯 조각 이상 먹었다. 오늘만 그런 게 아니다. 맛있는 반찬이 있을 때면 매번 그렇다.

"엄마는 아무것도 모르면서……."

"그래, 엄마는 아무것도 모른다. 하지만 네가 배려라고는 눈곱만큼도 없는 아이라는 건 잘 알겠다. 지우는 동생한테 공부도 가르쳐 준다는데 너는 한다는 게 동생이랑 먹는 거 갖고 싸우기나 하고. 언제 철들래, 언제?"

엄마가 터졌다. 이럴 때 말대꾸를 하면 화산이 폭발한다. 해리는 묵묵히 잔소리를 들으면서 싸움을 제공한 나리를 째려보았다. 눈이 마주친 나리는 입을 삐쭉거렸다.

아침부터 꽝이다, 꽝! 더구나 오늘 첫 수업은 국어다. 예전에는 국어를 좋아했지만 지금은 아니다. 국어뿐 아니라 수학도, 사회도, 과학도 다 싫다. 싫은 이유는 마녀 때문이다.

동화나 영화에서는 마녀를 물리칠 수 있지만 현실은 아니다. 마녀가 바로 담임이기 때문이다. 마녀가 싫은 까닭은 마녀한테 있다.

다른 아이들 모두 떠드는데 마녀는 콕 찍어 "해리야, 좀 조용히 하자"라고 했다. 저번에 다른 아이와 말다툼을 했을 때도 "해리가 먼저 사과해"라고 했다. 또 어려운 문제는 "해리가 풀어 볼래?"라고 했다. 당연히 싫을 수밖에 없다.

"해리야, 안녕!"

찬미다. 찬미 별명은 '노뺄'이다. 찬미는 잘 웃는다. 문제는 화를 내야 할 때도 웃는다는 점이다. 친구들한테 무시당할 때도, 선생님한테 혼날 때도 배시시 웃는다. 그럴 때 찬미는 바보 같다. 누군가 "찬미는 배알도 없다"고 하면서 찬미의 별명이 '노뺄'이 됐다.

"넌 내 얼굴 보면 몰라? 안녕 안 해!"

해리는 찬미한테 톡 쏘아붙였다.

"어, 안 좋은 일 있구나. 힘내!"

찬미가 주먹을 불끈 쥐며 파이팅 동작을 해 보였다. 수업이 끝난 뒤 해리는 패스트푸드점에서 친한 친구들이랑 수다를 떨기로 했다. 가끔 이렇게 스트레스를 풀어주지 않으면 쌓이고 쌓여서 폭발하고 만다. 그런데 눈치 없이 찬미가 끼었다.

"엄마는 나리 편이야. 난 항상 나리 다음이고. 왜 나는 언니로 태어나서 뭐든지 양보하고 배려해야 하는 걸까? 먼저 태어났다는 이유로 이렇게 힘들 줄 알았다면 절대 먼저 태어나지 않았을 거야."

"나도 그래."

해리처럼 남동생이 있는 지수가 맞장구치자, 언니가 있는 찬미가 말했다.

"근데 동생도 안 좋아. 언니보다 늦게 태어나서 새 옷도 못 입고 맨날 물려받은 옷만 입고, 컴퓨터도 무조건 언니가 먼저 하고, 뭐

할 때도 정하는 건 언니고, 나는 무조건 따라야 하거든."

찬미 말에 언니도 안 좋지만 동생도 안 좋겠다는 생각이 살짝 들었다.

"너 별명이 노벨인 거 알아?"

뜬금없는 정아 말에 해리와 지수는 깜짝 놀랐다.

"응, 알아."

찬미는 기분 나빠 하지 않았다.

"근데 왜 그렇게 맨날 웃어?"

지수 질문에 찬미는 천천히 자기가 웃는 까닭을 이야기했다. 찬미는 어렸을 때 화상을 입어서 종아리부터 허벅지까지 화상 흉터가 있다고 했다. 흉터 때문에 짧은 바지나 스커트는 꿈도 못 꾼다고 했다. 그런데 어느 날 텔레비전에 교통사고로 화상을 입고 마흔 번이 넘는 수술을 한 이지선 언니가 나왔다고 했다.

"내 흉터 보면 정말 끔찍하거든. 내가 너무 싫고 미웠지. 집에서 내 별명이 바늘이었어. 너무 뾰족하다고. 그런데 이지선 언니를 보니까 이렇게 살면 안 되겠다는 생각이 들었어. 이지선 언니는 나랑 다르게 자신을 사랑하는 사람이더라. 잘 웃고 긍정적이어서 그렇게 힘든 수술을 이겨 내고 교수님이 된 것 같아. 그래서 나도 그 언니처럼 긍정적인 생각을 갖고 많이 웃기로 했어. '웃으면 복이 온다'는 말처럼 잘 웃으니까 우리 집도 더 화목해진 것 같아."

해리는 시도 때도 없이 웃는다며 찬미를 흉봤던 일이 생각나서 미안했다.

"야야, 걱정 마. 나 어른 되기 전에 흉터를 깔끔하게 하는 수술법이 나올 거야."

해리는 찬미의 웃는 얼굴이 조금 예뻐 보였다. 대화를 더 나누다 보면 좋은 친구가 될 수 있겠다는 생각도 들었다.

"근데 우리 선생님 너무 하지 않냐?"

정아 말에 해리뿐 아니라 지수, 찬미도 놀라는 눈치였다. 선생님이 제일 예뻐하는 아이 중 하나가 정아다.

정아는 선생님한테 쌓인 게 많았는지 선생님에 대한 불평불만을 늘어놓았는데 그게 해리가 생각하는 거랑 비슷했다. 모두가 떠드는데 혼자만 콕 찍어 지적받았던 거, 어려운 문제만 풀라고 하는 거, 칭찬에 인색한 것 등등.

"야, 그때는 나도 같이 지적받았어. 우리 분단 애들 거의 걸렸던 걸 갖고 뭘 그래?"

해리는 지수 말에 깜짝 놀랐다. 그러고 보니 지수 말이 맞았다. 반성문도 혼자만 쓴 게 아니었고, 화단 청소도 혼자 한 게 아니었다.

"난 우리 선생님 좋은데. 선생님이 솔직…."

"아, 몰라몰라. 오늘은 나보고 열심히 하라잖아. 나 왕 열심히 하

거든. 근데 기분 나쁘게 열심히 하래."

해리는 찬미를 무시하고 자기 말만 하는 정아가 밉살스러웠다.

"선생님이 그러면 열심히 하라고 하지, 하지 말라고 하냐?"

"뭐?"

해리 말에 정아 눈이 뾰족해졌다.

"너 이상하다. 예전에는 선생님이 마녀 같다면서 온갖

흉을 보더니 오늘따라 왜 이래?"

정아 말에 해리 얼굴이 화끈거렸다. 생각해 보니 최근에 정아와 나눈 이야기는 대부분 선생님을 흉보는 것이었다.

지수랑 찬미가 말리지 않았다면 큰 싸움이 일어났을지 모른다.

정아는 기분이 나쁘다며 먼저 가 버렸다.

해리는 자신이 왜 마녀 편을 들었는지 이해가 되지 않았다. 저번 나의 꿈 발표 시간의 마녀가 떠올랐다.

모든 아이들이 발표를 마치자 선생님은 천천히 아이들을 둘러보았다.

"여러분이 모두 꿈을 이루었으면 좋겠어요. 꿈에 도전하다가 힘들 수도 있지만 다시 힘을 내서 도전해야 해요. 나도 선생님 시험에 세 번이나 떨어졌거든."

"으엥?"

"허걱!"

"그때 선생님은 내 길이 아닌 것 같다 생각하고 포기할까 했지. 한편으로는 내가 많이 부족하니까 더 열심히 공부해 보자는 생각도 하고. 그때 내가 부정적으로 생각했다면 지금 여러분도 못 만났을 거고 지금처럼 행복하지도 않았을 거야. 그때 선생님은 책상에 이렇게 붙였어. '괜찮아, 다 잘 될 거야.' 기쁜 일이 있어서 웃는 게 아니라 웃다 보면 행복하고 기쁜 일이 생겨. 우리 한번 웃어 볼까?"

선생님 말에 맞춰 아이들은 큰 소리로 웃었다. 처음에는 그냥 '아하하하하' 하고 과장되게 웃었는데 나중에는 그게 웃겨서 진심으로 웃었다.

찬미는 선생님이 다른 반 선생님보다 아이들을 공평하게 대하는 좋은 선생님이라고 했다. 찬미 말을 듣던 해리는 선생님이 '우리 해리, 오늘은 예쁜 옷 입었네' '해리는 성격이 좋아' 하면서 칭찬해 줬던 일을 떠올렸다. 해리는 자기 머리를 콩콩 때렸다. 좋은 것은 기억 안 하고 나쁜 것만 기억하면서 선생님을 마녀라고 부르고 미워했던 자신이 창피했다.

쫄깃하면서 고소한 쇠고기전이다. 젓가락이 부지런히 움직였다.
"챙!"
해리 젓가락이 나리 젓가락과 부딪쳤다.
해리는 젓가락 방향을 바꿨다. 그런데 나리도 젓가락 방향을 바꿨다. 해리는 나리한테 먹으라는 고갯짓을 했지만 나리는 고개를 살짝 저었다.
'웬일이야? 동생이 양보를 했으니 언니인 내가 먹어 주지.'
해리가 젓가락으로 쇠고기전을 집으려고 하는데 이미 접시는 비어 있다. 마지막 쇠고기전의 주인공은 아빠였다.

행복·사랑·자신감을 샘솟게 하는 긍정의 갑옷

불가능을 가능으로

발명왕 하면 누가 제일 먼저 떠오르나요? 에디슨이라고요? 맞아요. 그렇다면 에디슨이 빛을 오랫동안 유지하는 필라멘트를 발명하기까지 몇 번이나 실패했을까요? 자그마치 2000번이 넘는다고 해요. 에디슨이 2000번이 넘는 실험을 한 덕분에 금방 꺼지는 전구가 아니라 1200시간 동안 사용할 수 있는 전구를 발명한 거예요.

여러분은 몇 번까지 실패를 이겨낼 수 있나요? 열 번 정도는 순순히 받아들일 수 있고 백 번도 이겨낼 수 있다고요? 그럼 천 번은요? 정말 상상이 안 될 거예요. 사실 천 번 정도 실험을 할 수 있는 사람도 별로 없을 거예요. 그리고 천 번을 해도 성공을 못하면 대부분의 사람들은 '안 되나 보다, 다른 걸 하자'며 포기할 거예요. 하지만 에디슨은 실망하거나 포기하지 않았어요. 언젠가는 실험에 성공할 거라는, 할 수 있다는 긍정적인 마음이 있었기 때문이에요.

만약 에디슨이 천 번의 실패를 하고 포기했다면 백열전구를 발명할 수 없었을 거예요. 축음기, 축전지 등 에디슨의 다른 발명품도 수많은 실패를 통해 만들어진 거예요.

"천재는 99퍼센트의 노력과 1퍼센트의 재능으로 이루어진다"는 자신의 말처럼 에디슨은 긍정적인 마음으로 끊임없이 노력해 발명왕이 된 거지요.

전설적인 홈런왕 베이브 루스도 마찬가지예요. 베이브 루스는 홈런이 714개였지만 삼진 숫자는 홈런 숫자보다 두 배나 많은 1330개였어요. 날아오는 공을 제대로 맞추지 못하고 지켜보는 일을 두려워했다면 베이브 루스는 홈런왕이 되지 못했을 거예요.

친구들도 실패나 실수를 두려워하지 말고 긍정적인 생각을 갖는다면 자신의 목표에 더 가까워질 수 있어요.

나를 사랑하자

여러분은 누구를 사랑하나요? 엄마, 아빠, 아이돌 가수, 반려견, 혹은 스마트폰, 게임기 등등. 이 중에서 여러분이 가장 사랑해야 할

대상은 바로 자신이랍니다. 자신을 사랑하지 않고 남을 사랑할 수는 없어요.

전 세계 140개국 방영, 일일 시청자수 700만 명, 세계 방송 역사상 신기록을 세운 토크쇼의 진행자인 오프라 윈프리. 그녀는 자신의 토크쇼에서 자신의 어둡고 아픈 과거를 솔직하게 밝혀요.

가난한 흑인 가정에서 사생아로 태어난 오프라 윈프리는 부모님과 떨어져 살면서 성폭행 당하는 고통을 겪어요. 열네 살에 미혼모가 되고, 엄마가 된 지 2주 만에 아이가 죽고, 그 충격으로 가출하고 마약중독자가 돼요. 이런 불행 속에서도 오프라 윈프리가 미국 최고의 진행자로 성공할 수 있었던 까닭은 무엇일까요?

무엇보다 자신을 사랑하고 긍정적인 마음으로 미래를 그렸기 때문이에요. 자신을 사랑하지 않았다면 오늘날의 오프라 윈프리는 없었을 거예요. 오프라 윈프리는 어려운 시절의 경험을 바탕으로 평범한 게스트들과 소통하며 그들이 좀 더 나은 삶을 살 수 있도록 도움을 주고 있고, 이런 그녀의 활동에 사람들은 큰 감동을 받고 있어요.

"당신이 갖고 있는 것에 대해 감사하라." "당신의 인생을 계속 칭찬하고 축복하라. 그러면 결국 축복받는 인생이 된다." "저도 해냈으니 당신도 할 수 있습니다." 오프라 윈프리의 긍정적인 메시지는 많은 사람들에게 큰 힘이 되고 있어요.

웃기 때문에 행복해진다

"좋은 게 하나도 없어." "나만 미워해." "세상에서 내가 제일 불쌍해." 많은 친구들이 이런 말을 할 거예요.

다른 사람들은 모두 행복하고 즐거운데 나만 슬프고 재수가 없는 것처럼 느껴질 때가 있어요. 이럴 때 여러분 얼굴을 거울로 한번 보세요. 아무리 예쁘고 멋진 얼굴이라고 해도 우울하고 화가 난 얼굴일 거예요. 속상하거나 화가 났을 때 감정이 얼굴에 표시 나는 것은 당연한 일이에요. 하지만 내가 우울하거나 화난 얼굴로 계속 있기 때문에 더 속상하고 슬플 수도 있어요.

옛말에 "웃으면 복이 온다"는 말이 있어요. 하버드 대학교 윌리엄 제임스 교수도 "사람들은 울기 때문에 슬퍼지고 웃기 때문에 행복해진다"고 했어요. 잘 웃는 사람은 호감이 가고 친절하다는 인상을 주지만, 반대로 화난 얼굴의 사람은 다가가기도 힘들고 친해지고 싶은 생각이 안 들죠.

오늘부터라도 하루에 열 번씩 웃어 보세요. 행복해서 웃는 것이 아니라 웃기 때문에 행복해지는 효과를 직접 느낄 수 있답니다.

실천노트

긍정문 작성 방법

1. 왜 기록해야 할까요?

부정적인 사고에서 벗어나 긍정적인 사고로 생각하는 것을 습관화할 수 있어요. 긍정문을 반복하여 말하기 위해서는 기록해야 하고, 이를 통해 긍정적인 자존감을 형성할 수 있어 자신을 더욱 사랑할 수 있어요.

2. 무엇을 기록해야 할까요?

① 긍정문을 쓸 때는 항상 '나는'으로 시작해요.

'너는'도 아니고 '우리는'도 아니에요. 긍정문의 주체는 나이고 그래서 '나는'으로 시작해요.

② 긍정문을 쓸 때는 항상 긍정적인 말로 써요.

매일 바깥에서 불량식품을 간식으로 사 먹어 이것을 끊으려고 하는 학생은 '나는 불량식품을 안 먹는다'라고 쓰는 것이 아니라 '나는 건강한 음식을 먹는다'라는 긍정적인 말로 써야 해요.

③ 긍정문을 쓸 때는 항상 현재형으로 써요.

과거도 아니고 미래도 아니고 현재형으로 문장을 마무리해야 해요. '나는 나를 사랑할 것이다'도 아니고 '나는 나를 사랑했다'도 아니에요. 현재형으로 '나는 나를 사랑한다'라고 쓰고 난 후 큰 소리로 외쳐야 해요.

④ 태도에 관한 부분을 2개 적어 보아요.

태도와 관련된 긍정문은 나에게 힘을 주는 말이에요. 내가 힘이 빠졌을 때 이것만 외치면 다시 힘을 얻을 수 있는 마법과 같은 문장을 찾아 적어 보세요. 예를 들어 '나는 나를 사랑한다', '나는 할 수 있다', '나는 날마다 모든 면에서 점점 더 좋아지고 있다'와 같은 문장이에요.

⑤ 습관에 관한 부분을 1개 적어 보아요.

습관과 관련한 긍정문은 내가 매일 하면 좋을 행동을 말해요. 내가 현재 잘하고 있으며 유지하고 싶은 좋은 습관, 잘 되지 않아 고치고 싶은 행동을 긍정적인 문장으로 적어 보세요. 예를 들면 '나는 아침 7시에 스스로 일어난다', '나는 독서를 하루에 1시간 한다'와 같은 문장이에요.

긍정문 보기

> 예시
> 나는 새벽 6시에 일어난다.   나는 자신이 있다.
> 나는 발표를 똑똑하게 한다.   나는 할 수 있다.
> 나는 독서를 하루에 1시간 한다. 나는 날마다 모든 면에서 점점 더 좋아지고 있다.
> 나는 나를 사랑한다.   나는 경청을 잘한다.

♛ 나는 나를 사랑한다.

♛ 나는 무엇이든 잘 할수 있다.   !!can!!

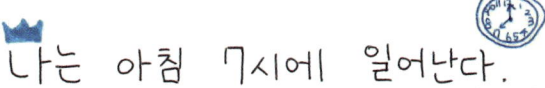

♛ 나는 아침 7시에 일어난다.

긍정문 보기

> 나는 새벽 6시에 일어난다.
> 나는 발표를 똑똑하게 한다.
> 나는 독서를 하루에 1시간 한다.
> 나는 나를 사랑한다.
> 나는 자신이 있다.
> 나는 할 수 있다.
> 나는 날마다 모든 면에서 점점 더 좋아지고 있다.
> 나는 경청을 잘한다.

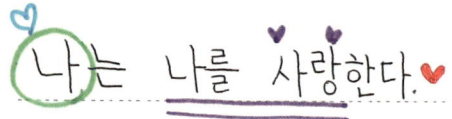

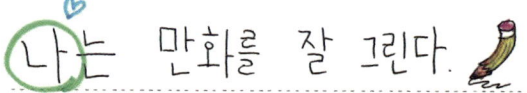

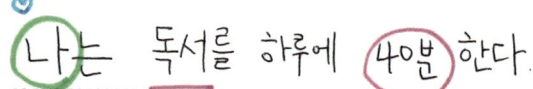

긍정문 작성해 보기

예)

나는 새벽 6시에 일어난다.   나는 자신이 있다.
나는 발표를 똑똑하게 한다.   나는 할 수 있다.
나는 독서를 하루에 1시간 한다.   나는 날마다 모든 면에서 점점 더 좋아지고 있다.
나는 나를 사랑한다.   나는 경청을 잘한다.

나는

나는

나는

4. 시간관리
황금보다 가치가 있다고?

 민기는 눈앞에 있는 수학 시험지를 노려보았다. 세상에 이럴 수는 없다. 노력은 성공의 어머니, 천재는 99퍼센트의 노력과 1퍼센트의 재능 어쩌고 하는 말은 전부 거짓말이다. 그 말이 맞다면 절대 자신의 점수가 이렇게 나올 수 없다.
 "수학 성적이 이러면 영재고나 과학고 못 가. 이번에 제대로 해서 TOP3까지 올려 보자 응? TOP3까지 올라가면 엄마가 최신형 스마트폰 사 줄게."
 민기가 다니는 으뜸학원은 영재고나 과학고에 많은 합격자를 배출한 수학 전문 학원이다. 으뜸학원에서 TOP1반이 되면 영재고나 과학고 입학은 따 놓은 당상이지만 레벨 테스트를 통과하기가 하늘의 별 따기다. 6개월 전 레벨 테스트에서 TOP반이 되자 엄마는 좋은 대학교에 합격한 것처럼 기뻐했다.

민기는 TOP7에서 6, 5로 차곡차곡 올라왔지만 석 달째 TOP4에서 TOP3로 올라가는 레벨 테스트를 통과하지 못했다. 민기는 이번 레벨 테스트를 꼭 통과해야만 했다. 최신형 스마트폰도 물론 탐이 났지만 지성이 때문이었다.

노는 거 좋아하고 성적이 고만고만한 지성이가 으뜸학원에 다닌다는 것도 놀랐지만 지난달에 TOP4반에서 만날 줄은 몰랐다. 처음에는 지성이가 반을 잘못 찾은 줄 알았다.

"어, 지성아! 너 이 학원 다녀?"

"우리 엄마가 다니라고 해서."

"언제부터 다녔어? 못 봤는데."

"4개월 전에. 층이 다르니까. 나 0반이었거든. 키킥."

지성이 말에 민기는 입을 쩍 벌렸다. 으뜸학원에서 0반이면 제일 낮은 단계의 반이다.

그제야 민기는 학원 아이들이 말하던 '수학 천재'가 지성이라는 사실을 깨달았다. 으뜸학원 아이들 사이에서 0반은 일반반 레벨 테스트에도 통과하지 못하는 아이들이 가는 반이다. 아무리 성적을 올린다고 해도 TOP반에 드는 아이는 이제껏 없었다.

"걔는 이제껏 자기가 수학을 잘한다는 사실도 몰랐던 거지. 솔직히 우리가 7반에서 4반 되는 것보다, 0반에서 4반 되는 게 훨훨 어렵잖아. 천재는 바로 그런 애라고."

"선생님도 걔 푸는 방식이 좀 남다르다고 하더라. 걔 머리랑 내 머리랑 바꾸고 싶다, 진짜."

"아오, 왜 나는 이런 머리로 태어난 거야. 엄마 아빠 탓이야."

"그래도 엄마 아빠 탓은 하지 마. 너 공부 좀 하라고 학원까지 보내 주시는데."

천재의 주인공이 지성이일 줄은 상상도 못했다.

"수, 수학 천재가 너야?"

민기 말에 지성이가 얼굴을 잔뜩 찌푸렸다.

"헐! 내가 수학 천재면 뭐 하러 학원 꼬박꼬박 나오겠냐? 그냥 게임이나 하지."

민기는 학원에서 지성이의 행동을 꼼꼼히 살폈다. 수업 시간에 선생님 말씀을 듣는 것 말고는 쉬는 시간이 되면 수다를 떨거나 밖으로 나갔다. 특별한 점이라고는 눈곱만큼도 없었다. 선생님이 시키는 문제도 못 풀 때가 많았다.

그런데 레벨 테스트에서 민기는 떨어졌고 지성이는 붙은 것이다.

"씨이, 나쁜 자식. 거짓말이나 하고. 아무리 노력해도 안 되는 거는 안 되는 거야. 지성이가 천재는 아니어도 머리가 좋으니까 통과한 거고, 나는 머리가 나빠서 아무리 해도 안 되는 거야."

시험지를 구긴 뒤 쓰레기통에 버린 민기는 침대에 대자로 벌렁 누웠다.

지난 한 달 동안 정말 열심히 공부만 했다. 그래서 더 억울했다.

"이럴 줄 알았으면 그냥 공부하지 말걸. 아으으으윽!"

"웃기시네. 공부나 했으면 말을 안 해."

"으허윽!"

민기는 벌떡 일어나 사방을 둘러보았다. 분명 방 안에는 아무도 없다. 민기는 겁을 내며 침대 밑을 살펴봤다. 아무도 없었다.

"제대로 못 먹고 못 자서 그래. 이게 다 공부 때문이야. 괜히 했어."

"휴우, 네가 무슨 공부를 했다고."

"누, 누, 누구냐? 귀신이면 물러가고, 사람이면 나타나. 비겁하게 숨지 말고."

민기는 베개를 집어 들었다.

그때였다. 눈앞에 민기와 비슷한 키의 남자아이가 나타났다. 눈도 동글, 코도 동글, 입도, 몸도 동글했다.

"너, 너, 넌 뭐야?"

"나? 나는 황금보다 가치 있는 것이지. 템푸스."

"테, 템푸스?"

"나도 바쁜 사람, 아니 바쁜 신이야. 내가 나타난 까닭은."

민기는 침을 꼴깍 삼켰다. 신이라기에 이상한 모양새지만 자신한테 해를 끼칠 것 같지는 않았다.

"너한테 진실을 알려주기 위해서야."

"진실?"

"백문이 불여일견이지."

템푸스가 목에 걸고 있던 회중시계의 태엽을 감자 학원 도서관에서 공부하는 아이가 나타났다.

"나, 나잖아?"

"과거의 너지. 잘 보라고."

바로 2주 전 민기의 모습이었다. 의자 끄트머리에 엉덩이를 불안하게 걸치고 앉은 민기는 책상 위에 펼쳐진 책들을 정리하기 시작했다. 필통을 열어 안에 있는 연필과 샤프, 볼펜, 지우개 등을 꺼낸 뒤 다시 넣었고, 핸드폰으로 카톡도 했다. 또 밖으로 나와서 물을 마시고 친구들과 수다를 떨었다. 다시 책상으로 돌아온 민기는 포스트잇에 '노력은 배반하지 않는다'는 문구를 적은 뒤 색

깔 있는 펜으로 덧칠을 했다. 그런 다음 책상 벽면에 붙였고, 핸드폰으로 시간이 몇 시인지를 확인했다. 배가 고파진 민기는 편의점으로 가서 라면을 먹었고 도서관에 온 뒤 꾸벅꾸벅 졸았다.

"네가 도서관에서 있은 시간은 정확하게 3시간이지만 공부에 집중한 시간은 30분도 안 돼. 책을 보고 있으면서도 다른 생각을 했지. 레벨 테스트를 통과해 스마트폰 바꿀 생각, 지성이한테 으스대겠다는 생각, 텔레비전 프로그램이나 게임 생각 등등. 공부하는데 전혀 필요 없는 생각들이었지."

템푸스의 말이 아니어도 자신의 과거 모습을 본 민기는 기가 막혔다. 어떻게 시간을 저렇게 보냈는지 이해가 안 됐다.

"엄마들이 흔히 공부는 엉덩이로 한다고 하는데……, 물론 책상에 앉는 게 공부의 시작이고 중요하긴 해. 하지만 말이야, 3시간씩 의자에 앉아만 있으면 뭐 하냐고? 집중을 안 하는데. 집중을 안 할 것 같으면 그냥 잠이나 자든지 텔레비전 보는 게 낫지."

템푸스는 회중시계의 태엽을 다시 돌렸다. 그러자 이번에는 지성이가 나타났다. 지성이 책상 위에는 수학 문제집과 연필, 지우개, 빨간 펜밖에 없었다. 공부한 지 50분이 되자 시계의 알람이 울렸다. 화장실에 다녀온 지성이는 맨손 체조를 몇 번 한 뒤에 다시 책상에 앉아서 40분 더 공부했다.

"지성이가 설렁설렁 공부를 안 한다고 생각할지 모르지만 너와 지성이의 가장 큰 차이는 시간관리에 있어. 지성이는 놀 때와 공부할 때, 쉴 때를 정확하게 구분하지만 너는 공부, 쉬는 시간, 노는 시간이 섞여 있어. 놀면서 시험 걱정하고, 쉴 때도 편하지 않고. 참 어리석다고 생각하지 않니? 공부할 때는 공부하고 쉴 때는 쉬고, 시간을 제대로 관리하면 낭비하는 시간을 줄일 수 있어."

민기는 가만히 있었다. 하루에 3시간 이상 공부한다고 생각했는데 3시간은커녕 30분도 채 되지 않는다니. 그래 놓고서 레벨 테스트에 통과하기만을 바란 게 도둑놈 심보 같았다.

"지성이가 공부하는 모습을 좀 더 볼 수 있을까요?"

템푸스가 회중시계 태엽을 다시 돌렸다. 지성이가 공부하는 장면이 보였다. 지성이는 책상 벽면에 붙여 놓은 시간계획표를 보고 있었다.

"오늘은 5시까지 영어 학습지를 복습하고 수학을 예습하면 되는 구나. 저녁에는 교과서에 실린 책을 읽으면 되고. 이번 주에는 수학이랑 국어는 시간표대로 했으니까 동그라미, 책 읽는 시간은 부족했어. 이건 세모. 다음 주에는 꼭 해야지."

시간계획표에는 교과목이 적혀 있었고 동그라미, 세모, 가위표 등이 표시돼 있었다.

지성이는 시계의 알람이 울릴 때까지 쉬지 않고 영어 학습지를 보며 공부했다. 알람이 울리고 나서야 일어나 화장실에 다녀오고

물도 마시며 쉬었다. 공부하는 동안 꺼둔 핸드폰을 켠 지성이는 카톡을 확인한 뒤 답장을 보내기도 했다.

20분 뒤 다시 책상에 앉은 지성이는 알람 시간을 맞추고 수학 교과서를 펼치고 예습을 시작했다.

"이 문제는 어려우니까 내일 선생님이 설명하시는 걸 잘 들어야지. 다음 문제는 물어보고. 다음 문제는…… ."

지성이는 색깔 있는 펜으로 중요하게 생각하는 문제에 별표를 달았다.

민기는 공부할 때 예습을 잘 하지 않았다. 복습하기에도 시간이 부족하다는 게 이유였다.

"이제 알았지? 왜 네가 시험에 떨어졌는지. 애꿎은 머리 탓하지 말고 시간을 정복하라고."

"시간을 정복하라고요?"

"그래. 시간에 질질 끌려 다니지 말고 시간관리를 잘 하라고. 시간관리만 잘해도 네가 원하는 목표를 이룰 수 있어."

"맞아요! 제가 시간을 잘못 써서 그런 거예요. 제가 잘못, 아얏!"

이마가 너무 아파서 눈을 뜨니 엄마가 눈앞에 있었다.

"이제는 아주 책상에서 눈 뜨고 자는구나? 자려면 침대에 누워서 자라고."

팔짱을 낀 엄마가 답답하고 한심하다는 표정으로 민기를 내려

다 보고 있었다.

"어, 엄마, 여기 템푸스. 아얏!"

"헛소리 그만하고 치킨이나 먹으세요. 테스트 통과 못해 우울해하는 것 같아서 치킨 시켰어."

민기가 밖으로 나가자 책장 위에 있는 시계의 바늘이 춤을 추는 것처럼 바쁘게 움직였다. 동글동글 눈사람 모양의 시계였다.

시간을 지배하는
초능력을 주는 시간지도

누구나 공평하게 받는 선물

잠자기 30분 전, 여러분은 어떤 상황인가요? 숙제도 하고 예습도 마쳐서 편안한 마음으로 잘 준비를 하는 친구도 있겠지만 예습은커녕 숙제도 다 못한 친구들도 있을 거예요. 졸린 눈을 비비며 "왜 이렇게 숙제가 많은 거야?" "시간이 더 있으면 좋겠어" 하는 친구들이라면 오늘 하루를 의미 있게 보냈다고 할 수 없어요.

잠이 부족하면 다음날 수업 시간에 꾸벅꾸벅 졸거나 피곤해서 선생님 말씀을 이해하기 힘들 수도 있어요. 그러다 보면 뭘 배웠는지 깨닫지 못한 채 시간을 보내게 되고, 결국 저녁이 되면 졸린 눈을 비비며 숙제를 할지 몰라요. 이런 상황을 막으려면 시간관리가 필요해요.

우리는 매일 아침 8만 6400초라는 시간을 선물 받아요. 누구한테나 공평하게 주어지는 시간이에요. 똑같이 주어진 시간이지만 어떻게 쓰느냐에 따라 결과는 달라지지요.

시간의 개념은 양적인 시간과 질적인 시간으로 나눌 수 있어요.

민기는 하루 동안 공부를 많이 했다고 생각하지만 친구와 카톡하고 다른 일을 하면서 시간을 보냈고 실제로 공부한 시간은 30분밖에 안 돼요. 양적인 시간만 많은 거예요. 하지만 지성이는 1시간 30분을 공부하면서 공부하는 동안은 공부에만 집중하며 시간을 썼어요. 민기에 비해 양적으로는 시간이 적지만 질적으로는 더 많은 시간을 공부에 쓴 거예요. 그래서 결과도 달라진 거예요.

"시간은 금이다"라는 말이 있을 만큼 중요한 시간은 돈으로도 살 수 없고 절대 붙잡을 수 없어요. 이런 소중한 시간을 어떻게 쓰느냐에 따라 여러분의 미래가 달라지는 만큼 지금부터라도 시간관리를 제대로 하는 습관을 키우도록 하세요.

여러분도 오늘 하루는 시간을 어떻게 쓸 것인지, 어떤 일을 할 것인지 미리 시간계획표를 만들어 보세요. 시간계획표를 만들어 보면 내가 어떻게 시간을 보내는지 알 수 있고, 불필요하게 낭비하는 시간을 없앨 수 있어요.

시간에 쫓기면서 어영부영 하루를 보낼 것인지, 시간의 정복자가 되어 하루하루를 의미 있게 보낼 것인지는 여러분한테 달려 있어요. 시간의 정복자가 된다면 여러분의 목표는 한걸음 더 가까워질 거예요.

시간을 정복한 위인

대부분의 위인들은 시간의 중요성을 알고 시간관리를 해서 목표를 이룬 사람들이에요.

'시간의 정복자'라고 불리는 러시아의 곤충학자 류비셰프는 50년 동안 자신이 사용한 시간을 기록하고 분석하고 집계하면서 시간을 관리했어요. 그는 하루에 8~10시간의 잠을 자면서도 70여 권의 전문적인 책과 100권이 넘는 논문을 남겼고, 문화생활과 취미활동도 했어요. 하루의 시간을 효율적으로 계획하고 관리한 덕분에 놀라운 업적을 이룬 거지요.

또 위대한 철학자로 평가받는 칸트는 매일 오전 5시 30분에 일어나 책을 읽고 오후 3시 30분에 산책을 하고 밤 10시에 잠을 잤어요. 칸트가 매일 산책하는 길이 있었는데 칸트가 산책길에 나타나면 사람들이 시계를 맞출 정도로 칸트는 정확하게 시간을 지켰어요. 그래서 산책로는 '칸트의 산책로'라는 이름으로 불렸어요. 칸트는 시간을 어떻게 보낼지 정확하게 계획하고 지켰기 때문에 몸이 약한데도 많은 연구를 할 수 있었고, 철학 분야에 큰 업적을 남길 수 있었어요.

현대 경영학의 창시자인 피터 드러커는 목표를 달성하는 사람과 그렇지 않은 사람을 구분하는 것이 시간관리라고 했어요. 시간관리를 위해서 내가 시간을 어떻게 사용하고 있는지 구체적으로 기록하고, 나한테 정말 필요한 일의 순서를 정해서 시간관리를 하라고 했어요. 그리고 아무한테도 방해받지 않는 시간을 확보해서 중요한 일을 할 수 있도록 시간을 통합하라고 했어요.

세 위인의 공통점은 시간을 기록했다는 거예요. 시간을 기록하는 것은 시간을 정복하는 첫 단추예요.

자기주도학습 시간 확보하기

학습과 관련해 가장 중요한 것이 자기주도학습이에요. 보통 자기주도학습이라고 하면 복습, 예습의 개념과 스스로 시간을 정해서 하는 학교와 학원 숙제도 포함이 돼요. 스스로 학교에서 배운 내용을 복습하고 예습하는 자기주도학습을 하려면 최소 1시간은 필요해요. 무엇보다 자기주도학습은 반드시 계획한 시간에 꼭 지키는 게 중요해요.

자기주도학습을 하면 학교의 교과 내용을 쉽게 따라갈 수 있고 좋은 성적도 거둘 수 있어요. <mark>보통 3, 4학년 기준으로 2시간, 5, 6학년 기준으로 3시간은 확보해야 해요. 자기주도학습은 복습, 숙제, 예습의 순서로 30분 집중하고 10분 쉬는 방식이 효율적이에요. 집중 시간이 늘어나면 50분 집중하고 10분 쉴 수도 있어요. 자기주도학습이 습관이 되면 예전에 3시간 걸리던 내용이 1시간 30분이면 해결된답니다.</mark>

만약 학원 때문에 자기주도학습 시간을 확보하기가 어렵다면 예습과 복습 시간을 확보하고 실천하는 습관을 기르세요.

그렇다면 자기주도학습 시간을 어떻게 확보해야 할까요?

<mark>첫째, 평소 내가 사용하는 시간을 기록해 보세요.</mark> 내가 생각 없이 쓰는 시간, 낭비하는 시간이 있을 거예요.

<mark>둘째, 시간계획표에서 낭비하는 일을 체크해 보세요.</mark> 우리는 하루에 수많은 일을 해요. 오늘 할 일을 펼쳐 보세요. 중요하고 급한 일, 중요하지만 급하지 않은 일, 중요하지 않지만 급한 일, 중요하지도 급하지도 않은 일 등이 있어요. 당연히 중요하지도 급하지도 않은 일은 버려야 해요. 핸드폰 게임, 인터넷 사용 시간 등을 줄여서 덩어리 시간을 확보해야 해요. 이 덩어리 시간 중 일부를 자기주도학습 시간으로 사용하면 돼요.

주간 시간관리 작성 방법

1. 왜 기록해야 할까요?

놀 때 신나게 놀고, 공부할 때 집중해서 공부하려면 시간을 효과적으로 관리해야 해요. 이때 가장 좋은 방법은 시간을 기록하는 것이에요. 시간을 기록하는 습관을 가짐으로써 내 시간이 어떻게 쓰이는지 분석하고 반성할 수 있으며 그 결과 하루를 더 알차게 쓸 수 있어요.

2. 무엇을 기록해야 할까요?

① 연, 월, 일주일의 날짜를 기록해요.
올해 연도와 몇 월, 며칠인지를 날짜 적는 부분에 기록해요.

② 시간계획 상단에 있는 운동, 일주일간 할 일, 독서계획을 기록해요.
상단에 매일 10분 운동, 독서, 6개 정도의 일주일 할 일을 우선순위별로 적어 보세요. 예를 들어 운동은 줄넘기 100개, 운동장 5바퀴 걷기 또는 뛰기 등이 있어요. 독서는 읽고 싶은 책, 읽어야 할 책을 일주일에 두 권 정도 적어요. 물론 두꺼운 책이라면 일주일에 한 권도 괜찮아요.

③ 하루 동안 해야 할 일을 적고 무슨 시간에 할지 기록해요.
오늘 하루 동안 해야 할 일을 5개 정도 적은 후 시간화살표로 표시해요.

④ 자기주도학습계획을 적어 보아요.
숙제와 예습 복습 등 꼭 해야 할 자기주도학습 부분을 적어 보세요. 처음 시작하는 학생은 자기주도학습란에 숙제를 적어 보세요. 나중에 익숙해지면 복습과 예습 과목까지 구체적으로 적어 보세요.

⑤ 체크박스 점검, 색깔 분석, 칭찬하는 시간을 가져 보아요.
진행 중인 일은 체크박스에 ◩, 마무리 된 일은 체크박스에 ☒로 표시해요. 실행 후 색깔로 평가하면 하루를 어떻게 살았는지 쉽게 볼 수 있어요. 수업·학원과 같은 고정 시간은 주황색, 예습·복습·숙제와 같은 자기주도학습은 분홍색, 독서·운동·계획과 같은 자기계발은 파란색, 친구와의 만남·휴식시간은 연두색으로 표시해요. 그 후 스스로 칭찬하는 시간을 가져요.

주간계획 보기

1월 MONTH

☑ 진행중 ☒ 완료

운동
- ✗ 긴줄넘기
- ✗ 피구
- ✗ 플라잉디스크

자기주도학습 및 메모

11 ✗ 영 (CHAPE 3~4
     듣기)
   40~41P
   S책 읽기
   +해석
   독: 스마트폰이
       먹어치운 하루

13 ✗ 학독-일기, 독서
   독- WHO ARE YOU

14 ✗ 독-세상을 바꾼
   위대한 책벌레들
   학-일기

할 일 (우선순위)

✗ 기도		✗ 수학
✗ 독서		✗ 방학숙제
✗ 영어		

날짜	11 MON 월	12 TUE 화	13 WED 수
행사			
할 일	✗ 기도 ✗ 독서 ✗ 영어 ✗ 수학 ✗ 학독	✗ 기도 ✗ 독서 ✗ 학독 ✗ 영어 ✗ 수학	✗ 기도 ✗ 독서 ✗ 학독 ✗ 수학 ✗ 영어
6			
7			기상, 씻기
8	기상, 기도	기상 기도	기도
9	독서	독서	독서
10			
11			
12	운동	점심	운동
1			밥
2	본깨적	영어(플랜더스의개)	영어
3	영어 방독	학독	학독 직업조사
4	수학학원	수학	수학
5			저녁
6		저녁	방학숙제
7	저녁	TV	씻기 ↓영어
8	씻기	오목	바둑
9	휴식		하루정리·반성
10			
칭찬 (◎,○,△)	○	○	○

준비물 과제
요약하기 가르치기
긍정문 감사

20** 년 YEAR

	자기주도학습계획			독서계획
15 X 학독 - 읽기, 정래명돈(독후감)		X 세상을 변화시대한 책벌레들		X 스마트폰이 먹어치운 하루 X 해삐의 공책 레피

날짜 행사	14 THU 목	15 FRI 금	16 SAT 토	17 SUN 일
할 일	X 기도 X 독서 X 학독 X 수학 X 영어	X 기도 X 독서 X 학독 X 수학 X 영어	X 기급허운 X 독서 X 낭학독게	X 교회 X 할머니 생신
6				
7	↕가방, 기도			
8		↕기도	↕가방, 기도	
9	교대 (독서)	독서	방학독제	교회
10			정리	
11				
12	↕운동		↕놀기	
1	↕점심	↕점심		
2	교대구경	영어		
3	영어 자제주도	방학독게		
4				
5	↕수학	↕수학 ↕정모매듭	↕저녁	
6	↕저녁	↕저녁	독서	할머니 생신
7	방독 쓰기	쓰기	↕방독	
8	바둑		↕저녁	
9	↕가방싸기		↕웅팔	
10				
칭찬 (◎,○,△)	○	○	◎	○

주간계획 작성해 보기

월 MONTH　　　　　　　　　　　　　　　　　☐ 진행 중　☒ 완료

운동

할 일(우선 순위)

자기주도학습 및 메모

날짜	☐ MON 월	☐ TUE 화	☐ WED 수
행사			
할 일			
6			
7			
8			
9			
10			
11			
12			
1			
2			
3			
4			
5			
6			
7			
8			
9			
10			

준비물　과제　칭찬
소원하기　가르치기　(◎, ○, △)
긍정문　감사

년 Year

	자기주도학습계획		독서계획

날짜	☐ THU 목	☐ FRI 금	☐ SAT 토	☐ SUN 일
행사				
할 일				
6				
7				
8				
9				
10				
11				
12				
1				
2				
3				
4				
5				
6				
7				
8				
9				
10				
칭찬 (◎, ○, △)				

5. 독서습관
새로운 세상을 만날 수 있어

"으음, 그럼 또 누가 나가는 게 좋을까?"

진우는 선생님 말씀을 듣는 둥 마는 둥 했다. 어차피 자신과는 상관없는 다른 나라 이야기다.

'도전 독서왕'이라는 프로그램에 슬기초등학교가 선정되자 아이들은 난리가 났다. '도전 독서왕'은 초등학생들이 참가해 책에 나온 내용들을 맞히는 프로그램인데, 아이들 사이에 인기가 좋았다.

아이들의 가장 큰 관심은 '도전 독서왕'에 나갈 사람이었다. 각 반마다 5명씩 선발하는데 책을 좋아하고 많이 읽는 아이들이 주로 선발되었다. 어떤 반에서는 '도전 독서왕'을 본뜬 퀴즈 대회를 열어 참가자를 선발한다고 했다.

진우네 반은 아이들의 추천으로 참가자를 뽑았다. 아이들이 추천한 선희, 미주, 현준이, 하성이 모두 책읽기를 좋아해 책벌레라고 불리는 친구들이었다. 공부도 잘해서 성적도 좋았다. 이제 한 명만 더 뽑으면 된다.

"더 추천할 사람 없어?"

선생님이 아이들한테 눈을 맞추며 물었다. 그때 미주가 손을 들었다.

"저는 진우를 추천합니다."

"헉!"

깜짝 놀란 진우는 미주를 향해 양손을 들어 엑스 표시를 했다. 자신을 추천하지 말라는 신호였다.

"진우는 다른 친구들이 잘 안 읽는 책을 많이 읽는 것 같아요. '도전 독서왕'에는 안 알려진 책들도 많이 나오니까 진우가 잘할 수 있을 것 같아요."

진우는 속으로 '안 돼!'라고 외쳤다.

'나는 책 읽기랑 안 친하단 말이야. 책 읽는 게 세상에서 제일 싫다고. 선생님 절대 안 돼요. 저 때문에 망치면 안 되잖아요.'

진우는 자신을 뽑지 말아 달라는 텔레파시를 선생님한테 마구 마구 보냈다.

"맞아. 진우가 쓴 독서기록장 보면 선생님도 모르는 책들이 많

더라. 그럼 마지막 한 명은 진우로 할까?"

선생님 말씀에 아이들이 박수를 치며 진우는 '도전 독서왕'에 참가하게 되었다.

"걱정하지 마. 나도 사실 부담스럽거든. 우리 함께 힘내자. 아자아자아자!"

진우의 속도 모르는 미주가 파이팅을 외쳤다.

자신의 독서기록장을 우연히 본 미주한테 잘난 척한다고 책 이야기를 한 것이 화근이었다. 그러지 않았다면 자신이 뽑힐 일은 절대 없었을 텐데.

진우는 책 읽는 것을 싫어한다. 국어책에 나오는 내용 말고는 전체 내용을 제대로 읽은 적이 없다. 손에 꼽을 정도였다. 당연히 독서기록장은 거짓말이다. 하지만 처음부터 거짓말로 쓴 것은 아니었다.

〈마법의 설탕 두 조각〉도 읽었고 〈톰 소여의 모험〉도, 〈안네의 일기〉, 〈정글북〉도 읽었다. 스스로 읽었다기보다 엄마가 읽으라고 지켜봤기 때문에 어쩔 수 없이 읽었다. 그런데 어느 순간 엄마가 바빠지면서 자신이 책을 읽는지 검사하지 않자 책과 멀어졌다. 그러다 보니 독서기록장에 쓸 내용이 없었다. 인터넷에서 검색해 베끼면 선생님이 단번에 알아차릴 것 같아서 고민하고 있을 때 우연히 형인 진기의 독서기록장을 보게 되었다.

독서기록장에 대한 고민은 순식간에 풀렸다. 중학생인 형이 초등학교 때 독서기록장을 찾을 리는 없으니까.

"진우는 책을 골고루 읽는구나. 만화책만 골라서 읽는 애들도 있는데. 다양한 분야의 책을 읽어 두면 큰 재산이 되지. 열심히 읽어."

진우의 독서기록장을 본 선생님이 칭찬을 할 때면 바늘방석 같았다. 하지만 자신처럼 읽지 않은 책을 읽은 것처럼 독서기록장에 쓰는 아이들을 발견한 뒤로는 별로 찔리지 않았다.

"어머어머, 네가 다섯 명 중에 뽑힌 거야?"

엄마는 진우가 책읽기를 좋아하지 않는다는 사실을 잊은 듯했다.

아주 쉬운 문제도 풀지 못하고 창피해 얼굴을 들지 못하는 모습이 안 봐도 비디오였다.

"콩, 어쩌냐?"

형인 진기가 방에 들어왔다. 콩은 키가 작은 진우 별명이었다. 콩이라는 별명이 무엇보다 싫은 진우였지만 지금은 그런 걸 신경 쓸 여유가 전혀 없다.

"너네 반에 그렇게 인재가 없냐? 멍 때리기도 아니고 네가 '도전 독서왕'에 나가? 책이라면 한 달에 한 권도 제대로 읽을까 말까 하면서."

자신을 누구보다 잘 아는 형이다.

"휴우."

진우는 책상 위에 그대로 엎드렸다. '도전 독서왕'에 안 나갈 방법을 찾아야 했다.

진기가 진우 등을 흔들었다.

"아오, 왜에?"

진우가 고개를 들자 진기가 한쪽 손을 내밀었다. 무슨 뜻인지 몰라 진우가 머리를 북북 긁었다.

"달라고. 내 독서기록장."

"형, 알았어?"

"예전에 알았지. 어쩌나 두고 보려고 했는데…… 베낄 만큼 베꼈으니까 지금부터라도 제대로 해 인마."

진우는 서랍 안쪽에 깊숙이 숨겨 뒀던 형의 독서기록장을 건넸다. 진기는 독서기록장을 훑어봤다.

"너 〈모모〉는 읽어 봤어? 〈동물농장〉은?"

진기 질문에 진우는 아무 말도 못했다. 적힌 그대로 베껴 쓰기만 했으니 생각날 리가 없었다.

"형 때문이야!"

진우 말에 진기가 검지를 들어 진우 눈앞에서 빙빙 돌렸다.

"형이 다양한 분야의 책을 많이 읽어서 내가 뽑힌 거라고. 이

제 망했어. '도전 독서왕'에 나가서 1라운드도 통과 못 할 거라고. 아이들이 모두 나를 보며 비웃을 거야. 형이 책을 조금만 읽었으면, 으악!"

진우는 눈앞에 진기의 발이 보이자 눈을 질끈 감았다.

"콩, 너 지금 엉뚱한 곳에 화풀이하는 거 알지?"

울상이 된 진우는 고개를 끄덕였다. 도전 독서왕은 1단계에서 3단계까지는 팀을 이뤄서 한다. 만약 자신 때문에 1단계에서 탈락한다면 생각만 해도 끔찍하다. 아이들한테 비웃음을 당할지도 모른다. 가슴이 터질 것처럼 답답하다.

"어, 콩! 우냐?"

진우는 콧물을 훌쩍 들이켰다.

"형, 도와줘. 방법이 없을까?"

형은 책벌레다. 형이라면 무슨 비법이 있지 않을까?

곰곰이 생각하던 진기가 빙그레 웃었다.

"방법이 있지."

"뭐, 뭐?"

진우는 양손을 기도하는 자세로 모아서 형을 바라봤다. 진우는 진기 입이 떨어지기만 기다렸다.

"책을 읽는 거야. 이 독서기록장에 있는 책을."

"뭐? 말도 안 돼!"

"그럼 방법이 없지. 넌 1라운드에서 떨어져 아이들한테 놀림감이 될 거야. 그리고 독서기록장에 쓴 책이 문제에 나왔는데 틀린다면, 넌 거짓말쟁이가 되는 거지. 펴엉생."

'펴엉생'이라는 말이 귀에 강하게 꽂혔다.

"형, 형은 여기 있는 책 다 읽었지, 그치? 그러니까 형이 요약해서 설명해 주고 문제를 뽑아 주면 안 될까?"

진기가 고개를 저었다. 마음이 다급해진 진우는 비장의 무기를 꺼냈다.

"형, 내 용돈 받으면 반 줄게."

"어떤 마을에 너 같은 아이가 있었어. 타고난 거짓말쟁이였지. 외국에 한 번도 간 적 없으면서 외국에 갔다왔다고 하고, 엄마가 유명한 배우라고 자랑했지. 사실 엄마가 배우는 맞아. 하지만 단역 배우였지. 그런데 엄마가 자기 아들이 거짓말한다는 걸 안 거야. 어떻게 된 줄 알아?"

보나마나 엄마한테 혼나고 아이들한테 놀림을 받았겠지. 진우는 뻔한 내용이라고 생각했다.

"엄마는 아들이 한 거짓말을 진실로 만들기 위해 열심히 노력해서 유명한 배우가 되었고, 아들과 함께 여행을 다녔어. 아들의 거짓말을 진실로 만들려고 한 거지."

진우는 마음 한편이 찌르르했다. 감동적인 이야기였다.

"제목이 뭐야? 영화야? 애니야?"

진우 말에 진기는 벌떡 일어나서 밖으로 나가더니 금방 돌아왔다. 진기는 손에 들고 있던 책 한 권을 진우한테 내밀었다.

"네가 독서기록장에 쓴 책이야. 이 책부터 읽어 봐. 영화나 게임도 재미있지만 책에는 네가 만나지 못한 새로운 세상이 담겨 있어. 지식과 지혜, 감동을 느낄 수 있어."

언제나 잘난 척하고 재수 없는 책벌레라고만 생각했던 형이었지만 지금은 그렇지 않았다. 진우는 자신을 걱정하는 형의 마음이 느껴졌다.

진우는 자신이 쓴 독서기록장을 거짓말이 아닌 진실로 만들기로 했다. 진우는 형과 함께 책 읽기를 했다. 그리고 책을 읽고 난 뒤에는 형과 함께 책에 대한 감상을 이야기하며 의견을 나눴다.

"근데, 형! 형은 언제부터 책을 좋아했어?"

진우 질문에 진기는 4학년 때 일을 떠올렸다. 그때까지만 해도 진기 역시 책 읽기를 싫어했다.

"돼지 목에 진주 목걸이"라는 속담이 나왔다. 값어치를 모르는 사람에게는 보물도 아무 소용없다는 뜻으로 사용되는 말인데, 책을 읽으면서 자연스럽게 뜻을 안 친구들과 달리 진기는 무슨 뜻인지 몰랐다.

"선생님, 왜 돼지한테 진주 목걸이를 해 줘요? 돼지 주인이 부자예요?"

진기 말에 교실은 난리가 났고 진기의 별명은 '돼진'이 되었다. 놀림을 받게 된 진기는 자신의 별명에서 벗어나기 위해 책을 읽기 시작했고 이제는 하루라도 책을 읽지 않으면 뭔가 빠진 것처럼 서운한 책벌레가 되었다.

"콩, 이 형은 말이지. 태어나는 순간부터 책을 좋아했다고나 할까."

솔로몬의 지혜를 주는
지혜의 책

독서는 선택이 아닌 필수

책은 하나의 세계예요. 책 덕분에 우리는 수많은 세계를 만나고 손쉽게 할 수 없는 일들을 간접 체험할 수 있어요.

위대한 철학자 소크라테스는 "다른 사람이 쓴 책을 읽는 일로 시간을 보내라. 다른 사람이 고생하면서 깨우치는 것을 보고 쉽게 자신을 개선시킬 수 있다"며 독서의 중요성을 강조했어요. 독서는 다른 사람이 고생하여 얻은 그 분야의 전문 지식을 쉽게 내 것으로 만들 수 있고, 한 단계 성장하는 자기 발전의 기회로 삼을 수 있어요.

그리스, 페르시아, 인도에 이르는 대제국을 건설한 알렉산더 대왕은 알렉산더제국의 수도인 알렉산드리아에 거대한 도서관을 지었어요. 알렉산더 대왕은 세계를 통치하는 것은 무조건적인 힘이 아니라 창조적 사고이고, 창조적 사고는 바로 수많은 책들에서 나온다는 사실을 알았던 거예요. 그래서 그리스 문화와 오리엔트 문화를 융합하여 새로운 헬레니즘 문화를 창조할 수 있었어요.

이처럼 ==독서는 우리 인생을 바꿀 수 있기 때문에 어렸을 때부터 독서습관을 기르는 것이 좋아요. 지금부터라도 매일 책 읽는 습관을 길러 책과 친해지도록 해 보세요.==

==매일 독서를 하면 자연스럽게 어휘력이 풍부해지고 간접 체험이 늘면서 모든 일을 더 깊이 생각할 수 있어요.== 책과 교과서는 서로 배움을 주고 서로 연결이 되기 때문에 독서는 공부라는 집을 짓는 데 주춧돌이라고 할 수 있어요. 그래서 책을 많이 읽고 독서습관이 잘 갖추어진 친구들은 성적이 잘나올 확률도 더 높아요.

독후 활동으로 천재성을 발휘한 독서왕 김득신

조선시대 최고의 독서왕인 김득신이라는 사람이 있었어요. 김득신은 어릴 때 천연두를 앓아 남들이 일고여덟 살이면 떼는 천자문을 열 살이 넘어서야 익혔어요. 겨우 글자는 익혔지만 돌아서면 잊어버리기 일쑤여서 스무 살이 되어서야 비로소 글 한 편을 지었어요.

자신이 보통 사람보다 부족하다는 것을 안 김득신은 횟수를 세어 가며 책을 읽었어요. 1만 번 이상 읽은 책이 36권, 〈사기〉의 '백이전'만 11만 3000번을 읽었지만 책의 제목조차 떠오르지 않아 고생을 했지요.

11만 3000번이나 읽었어도 기억을 못한 김득신이 어떻게 독서로 최고가 될 수 있었을까요? 바로 김득신이 책을 정독하고 다독한 다음의 활동에 있어요. ==김득신은 책을 만 번 읽고 난 후 이해한 내용을 자신의 언어로 기록한 독후 활동을 하였고, 〈독수기〉라는 작품을 남겼어요.== 이 활동으로 김득신은 뒤늦게 천재성을 발휘하게 되어 59세라는 늦은 나이로 과거급제를 해 큰 벼슬도 하고, 시대를 대표하는 시인이 되었어요.

몰라도 읽고 읽고 또 읽기를 반복하고, 계속 잊고 잊고 또 잊는 상황에서 포기하지 않은 김득신의 독후 활동은 오늘날 수많은 사람들에게 큰 감동을 주고 있어요.

함께 읽는 재미와 나누는 기쁨

우리는 책을 통해 재미를 느끼고 알지 못하는 세상에 대해 수많은 간접 체험을 해요. 특히 내가 감동을 받은 책이 있다면 내가 좋아하는 사람한테 알려주고 싶고, 나처럼 감동을 받은 친구가 있다면 왠지 더 친해지는 것 같지요.

혼자서 책을 읽는 시간도 필요하지만 함께 책을 읽으면 혼자 읽을 때와 또 다른 장점이 있어요. 함께 책의 재미와 기쁨을 나눌 수 있고, 생각의 크기를 키울 수도 있거든요. 책은 친구와 함께 읽어도 좋고 가족과 함께 읽어도 좋아요.

현모양처를 상징하는 인물로 조선시대 화가이자 예술가인 신사임당은 가족과 함께 책을 읽는 독서교육을 했어요. 신사임당은 자식들에게 책을 읽으라는 말을 하지 않고 새벽에 일어나 독서를 하며 좋은 글을 종이에 적어 집안 곳곳에 붙였어요. 율곡 이이를 비롯한 자식들이 종이에 적힌 내용을 질문하면 자연스럽게 책 내용을 이야기하고, 자식들이 책을 읽고 내용을 완전히 깨달으면 다른 내용들을 또 붙였어요.

10권의 책을 한 명이 읽은 것보다 한 권의 책을 여러 명이 읽고 내용에 대해 의견을 나누는 것도 좋아요. 내 생각이 정리되고 새로운 깨달음도 얻을 거예요.

책 내용을 머릿속에 남기는 방법

책을 읽긴 읽었는데 시간이 지나면 잘 기억나지 않을 때가 많아요. 책을 제대로 읽지 않은 까닭이에요. 밥을 꼭꼭 씹어 먹어야 소화가 잘 되듯이 책도 제대로 읽어야 나한테 도움이 된답니다.

==책을 읽을 때 가장 먼저 해야 할 일이 독서 전 활동이에요.== 보통 책을 읽으면 본문부터 읽는 친구들이 많은데 책의 얼굴인 앞표지, 뒤표지, 들어가는 말, 차례 등을 살펴보세요. 왜 이 책을 썼는지, 책의 핵심 문장이나 단어를 보며 어느 정도 내용을 짐작해 보세요.

==독서 전 활동을 마친 다음에는 책을 읽어요.== 재미없는 부분을 건너뛰며 읽거나 속독하지 말고 뜻을 새겨 가며 자세히 읽는 정독을 하세요. 책을 읽으면서 책 속 중요한 내용에 밑줄을 치고, 중요한 페이지는 귀퉁이를 접어 보세요. 독서하면서 본 것, 깨달은 것, 적용할 점이 떠오르면 책의 여백에 그 생각을 즉시 적어 보세요.

==독서를 한 다음에는 독서장에 기록하는 거예요.== 책 속에서 좋은 문장이나 감동적인 문장을 적어도 좋고 느낀 점이나 깨달은 점도 좋아요. 책을 읽고 나서 떠오른 아이디어도 좋고 광고 카피처럼 한 줄로 적어도 좋아요. 독서 후 진한 감동이 생기는 책은 독후 감상문을 써 보세요.

실천노트

독서장 작성 방법 ✏️

1. 왜 기록해야 할까요?

책을 많이 읽어도 시간이 지나면 몇 권을 읽었는지도 모르고, 책의 내용도 잊어버리기 마련이에요. 이때 자신이 읽은 책을 기록하면 책을 몇 권 읽었는지, 책의 내용은 무엇인지 오래 기억하는 데 도움이 됩니다.

2. 무엇을 기록해야 할까요?

① 오른쪽 윗부분에 1년 동안 읽을 목표 독서량을 적어 보아요.
일주일에 한 권을 읽는 학생은 1년에 50권, 두 권을 읽는 학생은 100권을 적으면 돼요.

② 독서장에 책 번호, 날짜, 도서명, 저자, 출판사, 한 줄 느낌을 적어 보아요.
책을 읽을 때 독서장에 책 번호, 날짜, 도서명, 저자, 출판사를 적고, 책을 다 읽으면 간단한 한 줄 느낌을 적어 보세요. 한 줄 느낌은 책 속 핵심 내용, 새롭게 알게 된 내용, 나의 생각, 적용할 부분까지 어떤 것도 적을 수 있어요.

③ 책 속 좋은 글을 적어 보아요.
책을 읽다가 마음을 울리는 최고의 문장이라고 생각되는 것이 나오면 좋은 글에 적어 보세요.

④ 책 속 아이디어를 적어 보아요.
책을 읽다가 좋은 생각이 떠오를 때가 있지요? 반성할 점이나 배울 점, 질문이 생길 때 이를 아이디어 칸에 적어 보세요.

⑤ 깊이 감명 받은 책은 독후감을 작성해 보아요.
모든 책을 독후감상문으로 적을 필요는 없어요. 책을 읽고 눈물을 흘릴 정도로 감명 받았거나, 내 인생에 큰 영향을 줄 책이라면 본깨적 감상문으로 정리해 보아요. '본깨적'의 '본'은 책의 중요한 사건, 인상 깊은 말, 좋은 문장을 말해요. '깨'는 반성, 배울 점, 내 속에 떠오르는 질문과 같은 생각이에요. '적'은 내 삶에 실천하는 것을 말해요. 본깨적으로 책을 잘 정리하기만 하면 독후감상문은 쉽게 작성할 수 있어요.

독서장 보기

20**년 목표 100권

번호	날짜	도서명	저자/출판사	한 줄 느낌!
1	1/4	늑부아저씨의 점프	늑부아저씨/무한	나의 한계를 두려워 하지 말자.
2	1/5	꽃들에게 희망을.	트리나 폴러스/시공주니어	내 꿈을 위해 포기 할수있는 사람이되자.
3	1/6	내 시간관리 습관이 이래요!	박상철/미래엔고	나의 계획표를 배우지 실천하고, 아침 꼴짝일어나
4	1/7	나의 라임오렌지 나무	J.M 바스콘셀로스/동녘주니어	친구를 진성으로 대하해주자.
5	1/8	피카소 아저씨네 라일가게	신영란/주니어김영사	할수있는 일을 최선고 노력하자.
6	1/11	스마트폰이 먹어치운하루.	서영란/팜파스	스마트폰은 즐거움기사용하면 좋지만, 그렇지않으면 안좋은점을 준다.
7	1/12	어린이를 위한 허썸의 공책 레시피	허승환/즐거학고	많음을 쳐서 모양을 하면 나중에 이재냐 편해했다.
8	1/14	세상을 바꾼 위대한 책벌레들	김문해/푸른들어린이	앉이, 감기 생각하여 책을 읽자.
9	1/15	어린이를 위한 정리정돈.	함윤경/위즈덤하우스	시작한것은 마무리!! 정리정돈을 하여 공부도 잘고, 시간도갑자
10	1/15	플랜더스의 개	위다/비룡소	넬로와 파도라슈가 너무 일찍 죽게 비극이다.

독서장 작성해 보기

　　　　　　　　　　　　　　　　　　　　　년　　　목표　　　권

번호	날짜	도서명	저자 / 출판사	한 줄 느낌!

좋은 글 보기

출처를 적으세요.

날짜	좋은 글
1/5	〈꽃들〉 75p "어떻게 하면 나비가 되죠?" "날기를 간절히 원해야해, 하나의 애벌레로 사는걸 기꺼이 포기할만큼" ✓ 간절하게
1/6	〈시간관리〉 17p 첫번째는 시간을 낭비하는 것이고, 두번째는 끼니나 아침을 일찍 맞이한다는 것이다.
1/7	〈라임오렌지 나무〉 뒷표지 "왜 아이들은 철이 들어야만 하나요?"
1/8	〈피카소 아저씨에게〉 "불가능해 보이는 일도 닥치면 결국 해내게 되는 법이거든." 18p.
1/11	〈스마트폰〉 "그동안 나의 친구이자 분신이었던 스마트폰이 나를 공격하는 존재가 되었다." 97p.
1/12	〈공책레시피〉 33p 우리는 흔히 공부는 배우는 것이라고만 생각하지만, 배움으로 끝나는 것이 아니라 배운것을 생각하고 변현할때 비로소 공부가 완성 된다.
1/13	〈넉〉 15p 하나님은 단 한순간도 나를 포기하신적이 없다. 그래서 나 자신도 나를 포기하지 않는다.
1/14	〈책방에서〉 "다시 생각하는 것이지요. 책의 줄거리나 내용을 달달 외워 어디쓰겠소? 그 뜻을 곱씹어 생각하는게 중요하오. 책을 읽으면서 나와 관련시켜 생각하고, 그것을 남한테 옮기는 것이 독서의 참뜻이오."

좋은 글 작성해 보기

출처를 적으세요.

날짜	좋은 글

아이디어 보기

실천 ◎ ○ △

날짜	주 제	실천
1/6	〈내시간관리〉 약속을 어겼을 때 진심으로 미안해함이 별로 없던 것같다. 앞으로는 상대방의 시간을 뺏어 놓고, 약속을 늦게까지.	
1/11	〈스마트폰〉 with 스마트폰을 공격하는 도구로 사용하지 않게하며 인터넷 으로 친구를 비방하거나, 욕하지 않겠다.	◯
1/12	〈공책레시피〉 우등생들처럼 쉬는시간에 5분씩 예습을 하고, 수업을 듣도록 하겠다.	
1/13	〈낙〉 매우 나는 ~하니까라는 핑계로 피하거나, 넘어가지 않도록 5中 하자. 또 내핑계를 갖히지 말자.	◯
1/13	〈꿈을〉 내가 좋아하는 (TV) 것을 포기하고, 꿈을 위해 건강히 원화편지 노력하자.	◯
1/14	〈책벌레들〉 세종대왕의 책을 반복해서 뜻을 다시 생각하는 습관을 본받고 싶다.	
1/15	〈자아성찰〉 ①내방을 치울 때 누구의 도움없이 스스로 하면 성취감이 더 크지않을까! ② 무언가를 할때 시작한 일은 꼭 마무리 짓도록 하자.	
1/15	·〈소크라테스〉 ①물질이 아닌 노력만이 나의 실력을 쌓을수가 있다. ②공동체 활동에서 서로 협력하는 마음이 필요하다.	◯

아이디어 작성해 보기

실천(◎, ○, △)

날짜	주제	실천

독후감 보기

날짜: 20**년 1월 13일

책제목: 어린이를 위한 허쌤의 공책 레시피, 저자: 허승환, 출판사: 즐거운 학교

본 책의 중요 사건, 인물의 말과 행동 중 인상 깊은 것, 좋은 문장

깨 깨달은 점, 내 생각과 느낌, 주인공에게 하고 싶은 말

적 적용할 점, 이렇게 하면 더 좋았을 텐데...

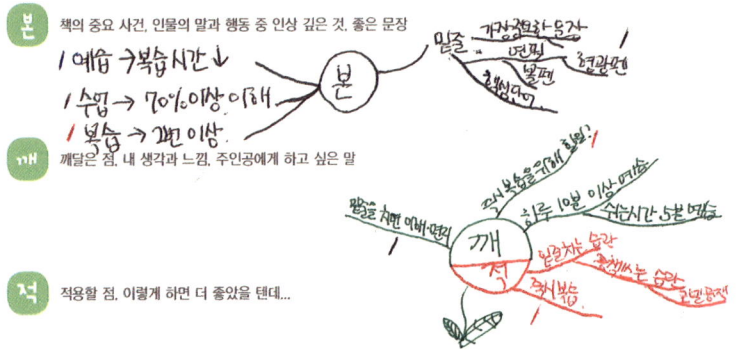

본깨적으로 정리한 내용을 연결하여 적어 보세요.

공부를 어떻게 하면 좋을지 생각을 하던 중, 나는 허쌤의 공책 레시피라는 책을 읽게 되었다. 책에서는 공책필기법뿐만 아니라 수업이나, 공부에 도움이 될 내용도 함께 들어가 있었다. 그중에 나는 예습, 수업, 복습에 관하여 눈이 갔다. 먼저, 예습은 해 두면 복습시간이 줄들 게 된다. 한번 훑어보아서 쉬는시간, 수업시작하기 5분전에 예습을 해두면 이해가 더 잘 된다. 다음으로 수업은 70%이상 이해를 해야한다. 크게 귀하고 피부를 볼면 밑줄을 그어서 가장 중요한 문장에 펜을 해주고, 공책에는 그날공책을 써서 선생님 말씀에 귀기울여야 한다. 복습은 하루 2번이상 속시복습을 하여야 좋다. 왜냐하면 시간은 좀 시간뒤는 잊게 되기 때문이다. 나는 이책을 통해 예습, 수업, 복습이 중요하다는 것을 깨달았다. 원래 예습을 하지 않았는데, 하루 10분이상 예습을 하여서 수업시간에 검은을 더 할수있도록 하겠다. 또, 책을 읽을 때나 교과서, 공책을 볼며 밑줄 치는 습관을 들이고, 집에오면 속시 복습을 하겠다. 또, 복습을 할때 코넬노트를 사용하겠다.

독후감 작성해 보기

날짜: 년   월   일

책제목: 저자: 출판사:

본 책의 주요 사건, 인물의 말과 행동 중 인상 깊은 것, 좋은 문장

깨 깨달은 점, 내 생각과 느낌, 주인공에게 하고 싶은 말

적 적용할 점. 이렇게 하면 더 좋았을 텐데…

본깨적으로 정리한 내용을 연결하여 적어 보세요.

6. 학습계획
공부를 방해하는 게 너무 많아

"오늘은 정말 제대로 해야지."

어제도 어영부영하다가 공부도 제대로 못하고 시간만 보냈다. 맛있는 쿠키까지 구운 엄마를 생각해서라도 오늘부터는 열심히 공부할 생각이었다. 어제 미희는 책상에 앉아 있는 동안 문제집을 한 장도 못 풀었다. 물론 미희만 아는 사실이다.

공부할 결심을 단단히 한 미희는 수학 문제집을 펼쳤다. 어제 풀려고 했던 문제집이다.

"어제 한 장도 못했으니까 세 장은 풀어야지. 무조건 40분은 공부에만 집중하는 거야."

뾰로롱, 소리를 내며 엄지손가락만한 하트가 나타났다. 미희가 방에 혼자 있을 때만 나타나는 하트다. 처음에는 미희도 놀랐지만 지금은 친구처럼 사이가 좋다. 친구들 대부분 혼자 있을 때면 각양각색의 작은 친구들이 나타나니까. 혼자서 외롭게 공부와 씨름하는 것보다 옆에서 재잘거리는 친구가 있는 건 생각보다 괜찮다.

"알람을 맞춰야지. 얼른!"

"아, 맞다. 고마워!"

하트가 아니었다면 알람을 맞추지 못했을 거다. 그러면 언제부터 공부를 시작했는지도 모르고 지나갈 뻔했다. 미희는 얼른 알람을 40분 뒤로 맞췄다.

문제집을 펼쳤는데 갑자기 핸드폰이 궁금했다. 어제도 카톡으로 민정이랑 30분은 수다를 떨었다. 그것 때문에 문제집도 못 풀었다. 미희는 주머니 속에 있는 핸드폰을 만지작거렸다.

"핸드폰을 끌까? 어떤 친구들은 공부할 때 핸드폰을 엄마한테 맡기거나 거실에 둔다던데."

"핸드폰이 공부에 방해가 되긴 해. 하지만 핸드폰을 꺼 두면 불안하지 않니? 정말 중요한 연락을 못 받을 수도 있잖아."

하트 말에 미희는 핸드폰을 끄지 않고 그대로 뒀다.

문제를 풀려는데 뭉뚝한 연필 촉이 눈에 들어왔다. 촉이 뭉뚝하면 왠지 문제가 잘 안 풀리는 것 같다. 미희는 연필깎이로 연필을 깎았다. 깎는 김에 필통 안에 있는 연필을 모두 꺼내 깎았다. 다 깎고 나니 기분이 상쾌했다. 이제 공부를 시작하려고 하는데 갑자기

목이 말랐다. 미희는 물을 마시러 방 밖으로 나갔다.

"오늘은 공부 좀 하나 했더니, 방에 들어간 지 10분도 안 됐어."

"엄마는 왜 그래? 물도 못 마셔?"

미희는 짜증이 났다.

"목마르면 물 마시는 건 당연하지. 그래서 엄마가 너 방에 들어가기 전에 물 챙겨서 가라고 했잖아."

엄마 말에 뜨끔했지만 미희는 어쩔 수 없다고 생각했다. 전화 받기 전에 목소리를 가다듬는 엄마의 습관처럼 자신도 고치기 힘든 습관이니까.

"물 마시고, 한 잔은 들고 들어가. 또 나오지 말고."

미희는 엄마 말대로 했다. 말대꾸를 했다가는 오늘 기분을 망치게 되고 그러면 공부도 제대로 못할 것 같았다.

방으로 돌아온 미희는 물 컵을 책상 위에 놓았다. 기분이 안 좋아서 그런지 물을 흘렸다.

"아우!"

미희는 휴지를 찾아서 물을 닦았다. 다행히 문제집은 안 젖었다. 미희는 연필을 다시 들었다. 1번 문제를 푸는데 잘 풀리지 않았다.

"오빠 얼굴을 안 봐서 그래."

미희의 오빠는 아이돌 가수 빅피처의 리더 일리다. 미희는 의자를 반대로 돌려 벽면에 붙은 일리 얼굴에 빠져들었다. 조각상처럼 잘생기고 멋진 얼굴이다.

일리 브로마이드는 원래 미희 책상 위 정면에 붙어 있었다. 그런데 책상에 앉아 얼굴만 보다가 자는 경우가 허다했다. 공부에 방해된다고 생각한 미희는 오랜 고민 끝에 자리를 옮겼다.

"오빠 노래도 들어야지."

미희 마음을 안 듯 하트가 맞장구를 쳤다. 미희는 얼른 핸드폰을 꺼내 이어폰을 귀에 꽂았다. 공부하는 동안 음악을 안 듣기로 엄마랑 약속했지만 이 약속을 지키기란 힘들었다. 한 곡만 듣자고 했지만 다섯 곡이나 들었다.

시간을 보니 벌써 20분이나 흘렀다. 미희는 일리와 아쉬운 작별을 하고 의자를 돌렸다. 펼쳐져 있는 문제집에 다시 집중해 보지만 문제가 쉽게 풀리지 않는다. 갑자기 눈이 뻑뻑했다. 미희는 서랍 안에서 거울을 찾았다. 거울을 보며 눈을 이리저리 살펴봤지만 별다른 이상은 없는 것 같았다.

"아! 깜짝 놀랐네."

거울을 치우려던 미희는 거울을 보며 입술을 쭉 내밀었다. 셀카를 찍는 것처럼 꽃받침을 하기도 하고 뺨을 볼록하게 만들며 다양한 표정을 만들어 봤다.

"쌍꺼풀만 있으면 아주 완벽한데."

"맞아. 너 정도면 얼굴형도 예쁘고 코도 입술도 괜찮아. 쌍꺼풀만 있으면 완벽하지."

하트 말에 미희는 면봉을 찾아 눈 위에 쌍꺼풀을 만들었다. 밋밋하던 얼굴이 한눈에 예뻐 보였다. 몇 번이나 똑같은 동작을 하며 쌍꺼풀을 만드는데 눈이 벌게졌다. 딱풀이나 샤프로 쌍꺼풀을 만들다가 피부병이나 결막염에 걸린 친구들도 있기 때문에 미희는 그만하기로 했다.

여전히 문제집은 한 장도 풀지 못했다.

삐리리리리릭.

알람이 요란하게 울렸다.

"조금 쉬었다가 하자."

미희는 기지개를 하며 천천히 의자에서 일어났다.

학교에서 돌아온 미희는 선생님이 수업 시간에 해 주신 노예 이야기를 떠올렸다.

어느 마을에 아주 부지런한 노예가 있었는데 주인은 노예한테 자유를 주며 약간의 재산과 떠날 배를 주었다. 배를 타고 가던 노예는 큰 폭풍우를 만나 낯선 섬에 이르게 되었는데, 그곳에 살던 원주민들이 노예를 새로운 왕으로 섬겼다.

영문도 모른 채 왕이 된 노예는 "왜 내가 왕이 되었느냐?"라고 물었다. 그러자 원주민들은 "이 섬에서는 바다에서 살아난 사람을 왕으로 섬깁니다. 하지만 1년이 지나면 죽음의 섬으로 쫓아낸답니다"라고 말했다.

왕이 된 노예는 1년 후를 생각하며 죽음의 섬에 우물을 파고 꽃과 과일나무를 심고, 곡식의 씨앗을 뿌리고 가꾸었다. 1년 뒤 노예는 죽음의 섬으로 쫓겨났다. 그러나 죽음의 섬은 아름다운 꽃과 싱싱한 나무, 풍부한 물이 있는 행복한 섬이 되어 있었다. 그는 그 섬에서 행복하게 살 수 있었다.

"친구들 책상은 어떤 섬일까? 어떤 친구들한테 책상은 죽음의 섬일 수 있어. 그럼 어떻게 해야 할까? 공부하는 데 필요한 것과 필요 없는 것들을 구분해서 정리정돈하고, 불필요한 행동은 안 하고 공부에 집중하는 거야. 죽음의 섬이 행복의 섬이 된 것처럼 여러분의 책상을 행복한 책상으로 만들어 보자!"

미희는 갑자기 책상 위를 봤다. 책들이 여기저기 어지럽게 있고 몇 권은 쌓여 있었다. 미희는 책상 위에 있는 책과 참고서를 옆에 있는 책장에 꽂았다.

"뭐 하러 그래? 또 필요할 텐데?"

하트가 말렸지만 미희는 대꾸하지 않았다.

30분 정도 정리를 하고 나니 책과 여러 잡동사니들로 어지럽던 책상이 깔끔해졌다.

미희는 책상 위에 오늘 공부할 영어 참고서를 펼쳤다. 연습장을 꺼내고 필통에서 연필, 색볼펜, 포스트잇만 꺼냈다.

"오늘 너 왠지 이상하다. 왜 그래?"

"공부를 위한 환경을 만들어야 해."

"어차피 치워 봤자 또 꺼내야 하는데 뭐 하러 그런 일을 해?"

미희가 하트를 손으로 톡 치자 눈앞에서 사라졌다.

미희는 방 밖으로 나갔다. 엄마가 거실을 청소하고 있었다.

"왜 안 나오나 했다. 또 물 마셔야지, 그치?"

엄마 말에 미희는 부엌으로 가서 커다란 잔에 물을 한 잔 따랐다. 컵을 든 미희는 엄마한테 핸드폰을 내밀었다. 공부할 때 핸드폰 좀 꺼 두라고 아무리 이야기해도 듣지 않던 미희였다.

"지금부터 3시 40분까지 맡아 줘. 간식은 거실에서 엄마랑 같이 먹을게. 3시 40분에."

방에 들어온 미희는 알람을 맞추고 자세를 바로 했다.

"오빠 얼굴 안 봐?"

하트가 튀어나왔다.

"응, 안 봐. 안 보기로 했어. 공부 끝나고 볼 거야."

"오빠가 서운해할 텐데."

"아냐, 오빠는 공부 열심히 하는 애를 좋아할 거야."

하트를 무시하며 공부에 집중하려고 했지만 쉽지 않았다. 온몸이 근질거린다는 말이 딱 맞았다. 벌떡 일어나 방 안을 돌아다니고 싶은 생각이 들었다.

"좀 일어나서 체조라도 하는 게 어때? 너 지금 온몸이 근질근질하잖아."

하트 말에 미희는 정신이 번쩍 들었다. 공부할 때는 공부에만 집중해야 한다. 미희는 첫 번째 문제를 풀었다.

"앗싸!"

미희는 신이 났다. 생각보다 잘 풀렸다. 중간중간 하트가 말을 걸었다.

"카톡이 왔을지 몰라?" "아이돌 가수 에이치랑 미요가 사귄다던데?" "화장실 가고 싶지 않아?" "눕고 싶지 않아?" "창문이라도 여는 건 어때?" "지금 텔레비전에서 오빠 노래 나올 텐데."

미희는 하트가 말할 때마다 하트 말대로 하고 싶었지만 꾹 참았다. 계속 하트 이야기만 듣다가는 공부와 완전 담을 쌓을지 모른다. 꼭 목표한 만큼 공부해서 책상을 행복의 섬으로 만들고 싶었다.

시간도 보지 않고 미희는 영어 공부에만 집중했다.

"미희야!"

미희는 대꾸도 하지 않았다.

"나 갈게. 이제 네 앞에는 안 나타날 거야."

그제야 미희는 고개를 들어 눈앞에 있는 하트를 바라봤다.

"근데 너 누구야?"

하트가 큰 소리로 깔깔거리며 웃었다.

"내가 누군지 몰라? 공부하기 싫어서 핑계 대는 너잖아. 미희 너."

하트 말에 미희는 그제야 깨달았다. 하트는 공부하려고 할 때마다 온갖 핑계를 대며 하기 싫어하던 자신이 만든 허상이었다.

"이제부터 달라질 거야!"

미희는 두 번 다시 하트를 불러내지 않겠다고 다짐하며 공부를 이어갔다.

학습의 방향을 잡아주는 학습나침반

사이렌의 유혹 물리치기

사이렌은 그리스 신화에 나오는 마녀의 이름이에요. 반은 인간, 반은 짐승의 몸을 가진 사이렌은 아름다운 노래로 바다를 지나가는 선원들을 유혹했어요. 사이렌의 노래에 홀린 선원들은 바다에 뛰어들었고 죽음을 맞이했지요. 배를 타고 집으로 돌아가던 오디세우스는 자신의 몸을 돛대에 묶는 한편 선원들이 노래를 듣지 못하도록 귀를 밀랍으로 막게 했어요. 이런 방법으로 오디세우스는 사이렌의 유혹을 물리칠 수 있었어요. 유혹을 피하기 위한 예방대책 덕분에 오디세우스와 선원들 모두 아무 탈 없이 집으로 돌아갈 수 있었던 거예요.

공부를 할 때도 사이렌처럼 유혹하는 것들이 많아요. 카톡도 하고 싶고, 게임 생각도 나고, 목도 마르고, 화장실도 가고 싶고…… 대부분은 사이렌의 유혹처럼 여러분의 공부를 방해하는 요소예요. 이런 유혹을 물리치지 못하고 카톡을 하고 게임을 하게 되면 절대 공부에 집중할 수 없어요.

==공부하겠다고 마음을 먹었다면 책상에 앉는 순간부터 공부에 집중해야 해요. 어렵더라도 최소한 20분만이라도 집중하는 거예요. 시계의 알람을 맞춰놓으세요. 처음 20분 동안 공부에 집중했다면 서서히 30분으로 늘려 보는 거예요. 이렇게 시간이 늘어났을 때는 10분씩 쉬는 시간을 가져요.== 이 시간에는 의자에서 일어나 몸을 움직이기도 하고 화장실에 가거나 물을 마시도록 해요. 다시 의자에 앉아서 공부할 때 불필요한 동작을 피하고 집중할 수 있는 몸 상태를 만드는 거지요.

공부뿐만 아니라 모든 일에는 사이렌의 유혹처럼 수많은 장애물들이 있어요. 이런 장애물을 이겨내야만 자신의 꿈에 더 가까워진답니다.

인내는 쓰지만 그 열매는 달다

마시멜로 실험 이야기를 알고 있나요? 마시멜로를 먹지 않고 선생님을 기다린 친구들은 마시멜로 두 개를 먹고, 선생님을 기다리지 않은 친구들은 한 개를 먹도록 했어요. 10년 뒤, 20년 뒤 실험에 참가한 사람들의 삶을 살펴보니 선생님을 기다렸던 친구들이 더 행복한 삶을 살고 있었어요.

이 사람들이 마시멜로를 먹지 않고 선생님을 기다릴 수 있었던 가장 큰 까닭은 마시멜로를 보지 않고 관심을 다른 곳으로 돌렸기 때문이에요.

유혹을 눈앞에 두고 맞서 싸워봤자 실패할 확률이 높아요.

여러분의 공부에 가장 방해가 되는 것들이 무엇인가요? 바로 핸드폰, 텔레비전, 컴퓨터가 많을 거에요.

특히 핸드폰은 게임을 할 수도 있고 카톡이나 문자 같은 기능 때문에 공부에 많이 방해가 되죠. 이렇게 공부에 커다란 방해요소가 되는 핸드폰은 엄마한테 맡기거나 다른 곳에 두도록 하세요. 핸드폰을 엄마한테 맡겨도 아무 일도 일어나지 않아요.

==처음 목표한 만큼 공부를 마친 뒤 자신이 좋아하는 것을 할 때와 공부도 제대로 못하고 자신이 좋아하는 것을 할 때의 마음이 얼마나 다른지는 여러분이 제일 잘 알 거예요.==

"인내는 쓰지만 그 열매는 달다"라는 말처럼 노력이 있어야만 좋은 결과를 맺을 수 있답니다.

정리정돈의 힘

지금 여러분의 책상 위는 어떤 모습인가요? 깔끔하게 정리된 친구들도 있지만 책들과 참고서, 공책 등이 쌓여 있고, 연필, 지우개 같은 학용품들이 여기저기 늘어져 있는 친구들도 있을 거예요.

공부에 집중하려면 정리정돈은 필수예요.

제일 먼저 여러분의 가방을 열어 보세요. 책과 공책, 필통이나 휴지 등이 가지런히 제자리에 있는지 확인해 보세요. 필통도 열어 보세요. 연필이나 샤프, 색연필, 지우개 중에서 빠진 것은 있는지 확인해 보고, 연필심은 제대로 깎았는지도 살펴보세요. 필통 안에는 내가 꼭 필요한 필기구만 넣어 두세요.

두 번째, 책상과 책꽂이를 정리하세요. 자주 안 보는 참고서나 책이 책장을 채우고 있다면 다른 곳으로 옮겨 주세요. 공부에 필요한 책과 학습서, 참고서 등이 잘 보이도록 두고 국어, 수학, 영어 등 각 과목별로 분류해서 꽂아 주세요.

세 번째, 방 안 환경을 정리해요. 방은 내가 공부하고 휴식을 취하는 공간이에요. 옷이나 모자, 가방 등이 방 안 여기저기 늘어져 있다면 공부할 마음이 안 생기겠죠. 책상 위가 깔끔한 것 못지않게 내 공간인 방도 깨끗하게 정리해 언제나 상쾌한 분위기에서 공부할 수 있도록 하는 게 좋아요.

시험 준비

　시험 때만 되면 긴장하는 친구도 있고, 자기 실력이 어느 정도인지 기대하는 친구들도 있지요. 사실 시험을 친다는 것은 누구에게나 부담스럽고 힘든 일이에요. 하지만 내가 배운 것을 잘 알고 있는지 알아보는 과정이라고 생각해 보세요. 긍정적으로 생각해 보면 시험이 그리 무섭고 두렵지만은 않을 거예요.
　시험 준비는 어떻게 해야 할까요?
　<mark>보통 시험 준비는 2주 전부터 본격적으로 하면 돼요. 물론 꾸준한 복습이 바탕이 돼야 합니다. 평소에 공부하면서 정리한 복습장과 문제풀이 때 틀린 문항, 그 부분과 관련된 교과서의 내용 보기, 새로운 문제풀이, 이런 순서대로 공부해 보세요.</mark> 어떻게 공부할 것인지 한눈에 볼 수 있도록 시험계획표를 만들면 더 효율적으로 할 수 있어요.
　평소에 예습과 수업 시간에 들은 내용을 복습하고 문제를 푼 친구들이 아니라면 수업 시간에 공부했던 내용을 중심으로 공부하고, 시험 대비 문제를 많이 풀어 보세요. 특히 선생님이 중요하다고 한 부분은 꼭 확인하고, 시험 3일 전에는 과목별로 총정리할 수 있도록 미리 시간을 관리하세요.

> 실천노트

문제해결장 작성 방법 ✏️

1. 왜 기록해야 할까요?

하루를 살다 보면 늘 문제 상황이 만들어져요. 핸드폰, 인터넷, 텔레비전, 게임기와 같은 것이 우리를 유혹하는 문제 상황이지요. 이러한 문제 앞에 어떻게 해야 할지 한 번쯤은 고민했을 거예요. 이 고민을 해결하기 위해 문제해결장을 기록합니다.

2. 무엇을 기록해야 할까요?

① 날짜를 적어 보아요.
나에게 해결해야 할 문제가 생겼나요? 문제가 생긴 날짜를 적어 보세요.

② 문제 상황을 단어로 적어 보아요.
나에게 생긴 문제들이 있어요. 습관, 태도, 학업, 관계와 같은 것이에요.
습관은 핸드폰, 인터넷, 텔레비전, 정리정돈, 늦잠, 시간관리, 편식과 같은 것이고, 태도는 소극적, 고집, 부정적 사고, 학업은 주의집중, 수업, 경청, 숙제 미루기, 관계는 친구, 부모님, 연예인과 관련된 거예요.

③ 현재 나에게 닥친 문제를 적어 보아요.
방금 문제 상황에 나의 문제를 단어로 적었지요. 그 문제를 자세히 문장으로 적어 보아요. 나의 문제가 핸드폰이면 '핸드폰으로 어떤 문제가 생기나?'라는 질문을 스스로 던져 보세요. 그러면 '공부할 때 핸드폰을 계속 만진다'와 같은 말이 나올 수 있어요.

④ 그 문제를 해결하지 않았을 때 어떻게 되는지 상상해 보아요.
핸드폰을 계속 만지면 핸드폰에 빠져 다른 생활에 지장을 줄 수 있어요. 심지어 중독에 빠져 지금까지 만들어 놓은 좋은 습관이 무너져 학업, 건강, 친구관계가 나빠질 수 있어요. 핸드폰 중독이라는 상상은 생각만 해도 너무 힘들 것 같지 않나요? 그러면 어떻게 해야 할까요?

⑤ 그 문제에 대한 해결책을 찾아 적어 보아요.
그렇게 되지 않기 위해서 '공부할 때는 핸드폰을 무음으로 해서 치워둔다'와 같은 해결책을 찾아야 해요. 그리고 찾은 해결책을 문제해결장에 적어 보세요.

문제해결장 보기

날짜	문제 상황 (공부 습관, 환경, 스트레스 등)	현재 나에게 닥친 문제	해결책
3/23	휴대폰	휴대폰을 보게되면 계속 보다서 공부시간이 없어진다.	휴대폰은 시간과 요일을 정하여 사용한다.
4/2	공부 습관	공부 중 지루할때, 문제집에 낙서를 하거나 딴 짓을 한다.	공부에 되도록 집중하며, 집중이 되지 않으면, 스트레칭이나 세수를 한다.
4/19	시간관리	언제 무엇을 해야하는지 몰라서 시간을 쓸데없이 소비 한다.	자신의 계획표를 잘 살펴보며 시간계획을 세워 실천한다.
5/6	정리습관	개념정리를 할때, 공책에 정리하지 않고, 아무 종이에나 날려쓴다.	정리를 할 때는, 공책에다 정리를 하고 과목별로 정리를 한다.
5/17	공부습관	숙제를 미루지 않으려 해도 미루게 된다.	하루에 할 숙제 양을 정하여 그대로 실천한다.
5/30	독서	읽고 싶은 책만 읽고 다른 종류의 책은 시도해 보지 않는다.	다른 종류의 책도 접해보며 다양한 지식을 얻으려고 노력한다. 만약 그 책이 정말 읽기 싫다면 좋아하는 책과 함께 하루에 한번씩 본다.
6/14	인성	다른 친구의 행동을 많이 이해하지 못한다.	"나였다면"이라는 생각을 가지며, 다른 친구의 행동을 이해하려고 노력한다.

문제해결장 작성해 보기

날짜	문제 상황 (공부 습관, 환경, 스트레스 등)	현재 나에게 닥친 문제	해결책

7. 우정·사랑
좋은 친구는 어떤 친구일까?

'뭐ㅎ.'

카톡으로 문자를 보내려던 영수는 얼른 핸드폰을 닫았다. 현진이한테 먼저 카톡을 보내서는 안 된다. 잘못한 현진이는 가만히 있는데 자신이 먼저 카톡을 보낼 수 없다.

마음을 단단히 먹은 영수는 카톡에 있는 친구들을 보았다. 자기 전에는 늘 현진이와 카톡으로 수다를 떨었다. 아침에도 일어나면 카톡으로 어제 하지 못한 이야기를 하곤 했다. 아무리 찾아봐도 현진이처럼 편하게 수다를 떨 만한 친구는 안 보였다. 영수는 자려고 눈을 감았지만 잠이 오지 않았다.

'환상의 커플'이라고 불릴 만큼 친하게 지내던 영수와 현진이 사이가 멀어진 것은 일주일 전 축구 시합 때문이다.

다른 반 아이들과의 경기여서 그런지 평소보다 거칠었다. 상대 팀 골 문 근처에 있던 영수는 같은 팀 아이들이 공을 몰고 올 때마다 수신호를 하며 공을 달라고 했지만 패스를 제대로 받지 못했다. 영수뿐 아니라 그날따라 아이들 컨디션이 안 좋은 듯했다. 어렵게 기회를 잡아도 번번이 슛을 허공이나 엉뚱한 곳에 날렸다. 기회를 날리기는 상대팀도 마찬가지였다. 경기가 계속되면서 크고 작은 부상을 입은 아이들도 생겼다.

"우리 무슨 일이 있어도 이기자!"

일대일로 무승부인 상황에서 영수와 친구들은 파이팅을 하며 승리를 다짐했다.

영수 눈앞에 있던 상대팀 천식이가 길게 날아오던 공을 받았다. 주변에 다른 아이들은 보이지 않는 일대일 상황이었다. 영수는 이번 기회에 천식이의 공을 빼앗아 상대팀 골대를 가르고 싶었다. 어제부터 준비한 승리의 세리머니가 눈앞에 떠오르던 찰라 영수는 공을 향해 발을 내밀었다.

"삐이익!"

심판을 맡은 일호가 호루라기를 불었다. 영수가 태클을 건 게 반칙이라는 거다. 천식이는 쓰러져 오른발을 붙잡고 있었다.

"아니야, 반칙 아니라고."

영수가 심판한테 따졌다. 자신은 분명히 볼을 향해 발을 날렸

고, 천식이가 일부러 엎어졌다고 생각했다.

"니가 내 종아리 찼잖아. 내가 할리우드 액션 한다는 거야? 내가 배우도 아닌데 왜 연기를 하냐? 정말 아파 죽겠는데."

천식이는 오만상을 찌푸리며 덤벼들었다. 순식간에 영수 팀과 천식이 팀 아이들이 뛰어왔다.

영수 팀 아이들은 영수 편을 들었고, 천식이 팀은 천식이 편을 들었다. 아이들의 얼굴이 서서히 달아올랐다. 영수는 아픈 척하는 천식이가 얄밉기만 했다. 그때 현진이가 나섰다.

"심판이 반칙이라고 하잖아. 우리 경기 계속하자."

　현진이 말에 영수뿐 아니라 영수 팀 모두 어이가 없다는 표정으로 현진이를 쳐다봤다. 몇몇 아이는 욕을 하면서 째려보기도 했다. 영수는 화가 났다. 다른 아이가 그랬어도 화가 날 텐데 누구보다 자기랑 가장 친한 현진이가 그런 말을 할 줄 몰랐다.

　심판의 판정대로 천식이 팀이 프리킥을 찼다. 프리킥을 받아 천식이가 날린 공이 골문을 가르면서 영수 팀은 졌다.

　경기가 끝나자마자 영수와 아이들은 뿔뿔이 흩어졌고 집에 도착하니 모두 단톡방에 모여 있었다. 현진이한테 온갖 비난이 쏟아졌다.

너 때문에 졌어

ㄲㅈ

혼자 똑똑한 현진 씨

웃기지도 않아

아이들은 거침없이 현진이한테 비난을 퍼부었다.

심판이 천식이랑 친해서 그런 거라니까

그렇지 않아. 영수 발이 천식이 발을 찼어

가만히 있기만 하던 현진이가 끼어들면서 더 난리가 났다. 가만히 지켜보기만 하던 아이들까지 가세해 현진이를 비난했다.

스파이지?

스파이지?

스파이지?

스파이지?

스파이지?

모든 아이들이 약속한 듯이 똑같은 말을 하자 현진이는 단톡방을 나갔다. 순간 영수는 현진이가 안됐다는 생각이 들었다. 그래서 현진이가 미안하다고 사과를 하면 용서해 줄 생각이었다. 그런데 현진이는 사과하지 않았다. 일주일이 된 지금까지도. 자신만 현진이 생각을 하는 것 같아 영수는 기분이 나빴다.

"현진이 불러."

엄마 말에 영수는 입을 삐죽 내밀며 고개를 내저었다. 유치원 때부터 친하게 지내서인지 영수 엄마와 현진이 엄마도 친했다. 가끔 특식을 먹거나 간식을 만들 때면 함께 먹었다.

현진이는 특히 영수 엄마가 만든 쿠키를 좋아했다. 주방 식탁 위에 쿠키 모양 틀이 있었다.

"이번에는 오래 가네."

엄마는 대수롭지 않게 말하며 영수한테 버터가 담긴 큰 그릇과 거품기를 내밀었다. 영수는 버터가 잘 풀어지도록 거품기로 저었다.

"너 생각나? 여섯 살 때."

당연히 생각난다. 그날도 엄마가 쿠키를 만들었다. 엄마가 전화를 받으러 잠깐 자리를 비운 사이 영수와 현진이는 밀가루를 사방에 뿌리며 뒤집어쓰고 놀았다. 당연히 주방은 엉망진창이 되고 그날 영수랑 현진이는 벽을 보며 반성의 시간을 가졌었다. 벽을 보면서도 둘이 서로 킥킥거리며 웃느라 배가 아플 정도였다.

"그때 참 귀여웠는데."

"쳇, 귀엽기는 누가 귀여워?"

영수 머릿속에 어릴 때의 현진이가 떠올랐다. 키도 자기보다 작고 힘도 약하고 온몸이 똥글똥글해서인지 동생처럼 귀여웠다.

"당연히 네가 귀여웠지. 지금처럼 지지리도 말도 안 듣고 친구랑 싸워서 몇날며칠 꽁하고 있을 줄 상상도 못했네."

"꽁하긴 누가 꽁해?"

엄마가 턱으로 영수를 가리켰다. 엄마는 영수가 젓고 있던 볼에 계란을 넣었다. 영수는 더 세게 저었다. 현진이가 있었다면 서로 자기가 하겠다고 가위바위보를 했을 거다.

"엄마, 친구는 내 편이어야 하지? 그치?"

엄마가 맞은편 의자에 앉아 영수와 눈을 맞췄다.

"오호~ 현진이가 네 편 안 든 거야? 그래서 뿔난 거야?"

현진이 엄마를 통해 알고 있는 내용이었지만 엄마는 영수와 현진이가 싸운 이유를 이제야 알았다는 듯이 조금 들뜬 소리로 되물었다.

"내가 다른 팀과 싸웠는데 현진이가 그 재수 없는 다른 팀 편을 든 거야."

예전에는 모든 대화를 현진이와 나눴다. 더는 나눌 상대가 없어진 영수는 엄마한테 축구 시합 때 있었던 일을 털어놓았다.

"현진이 대단한걸."

"뭐?"

당연히 자기편을 들 거라고 생각한 엄마 입에서 생각지 못한 소리가 나오자 영수는 거품기 젓던 손을 딱 멈췄다.

"그렇잖아. 너 한번 생각해 봐봐. 그 상황에서 네 편 드는 게 쉽겠어? 다른 팀 편 드는 게 쉽겠어?"

생각지 못한 질문이었다. 같은 편이고 베프니까 당연히 내 편을 들 거라고 믿었는데 그 믿음을 배신한 거다.

"배신자야, 배신자라고. 내가 일부러 태클 안 했어. 다른 애들도 모두 내 편 들었단 말이야."

"심판 판정이 그랬다며? 심판도, 현진이도 잘못 봤을 수는 있어. 물론 잘못 봤다고 해도 네 편이 아니라 다른 팀 편을 들려면 큰 용기가 필요한 거야. 너 어제 텔레비전에서 양심선언하는 거 봤지? 그 사람이 그랬잖아. 같은 일을 하는 동료이고 친하기는 하지만 잘못된 것은 바로잡아야 한다고. 엄마는 현진이가 멋진 어른이 될 것 같은데. 설마 너 애들끼리 혹시 현진이 따 시키고 그러는 거 아니지? 그럼 엄마 정말 실망할 거야."

엄마는 밀가루를 채로 한 번 내린 뒤 큰 그릇에 넣고 반죽을 했다. 곰, 토끼, 고양이, 강아지…… 동물 모양의 쿠키 틀이 보였다.

현진이가 있었다면 서로 좋아하는 모양을 골라서 만들었을 텐데. 영수는 카톡을 열고 천식이한테 문자를 보냈다.

> 잘 지내?

ㄴㄴ

> ?

아파서

엄살을 떤다고 짜증을 내려는데 천식이가 사진을 보냈다. 종아리 부분에 시퍼렇고 뻘건 멍이 있었다. 일주일이 지났는데 이 상태라면 정말 많이 아팠겠다는 생각이 들었다.

> 미안.

운동하다 그런 건데 뭘. 근데, 현진이 잘 지내지?

천식이 물음에 영수는 신경이 쓰였다.

현진이 왕따시키고 그러지 마라. 그날 현진이 아니었으면 병원 가서 드러눕고 난리 났을지도 몰라. ㅋㅋ

생각해 보니 아찔했다. 운동을 하다가 다친 거라고 해도 편을 나눠 큰 싸움이 났을 수도 있다. 영수는 그날 기억을 다시 떠올렸다. 천식이와 마주친 순간 골을 넣어서 준비한 세리머니를 하고 박수를 받겠다는 생각이 앞섰다. 솔직히 공을 찼는지 다리를 찼는지도 모르겠다. 그러면서도 무조건 공을 찼다고만 생각했다. 사실이 무엇인지 모르겠다.

"현진이는 엄마가 만든 쿠키 좋아하는데……. 오랜만에 같이 만들고 먹으면 더 좋을 텐데."

갓구운 쿠키 냄새를 맡으며 침을 꼴깍 삼키는 현진이 얼굴이 눈앞에 그려졌다.

영수는 카톡을 했다.

울 엄마표 쿠키 콜?

보내자마자 답장이 도착했다.

ㄱㄱ

진정한 친구는 잘못한 일은 잘못했다고 이야기할 수 있어야 한다. 그런 친구를 잃을 수는 없다.

어둠의 괴물을 물리치는 우정의 방패

우정은 마주보기

 우리는 살아가면서 다양한 사람들을 만나게 되고, 어울리면서 정을 쌓아 가요. 지금 여러분이 솔직하게 마음을 터놓고 만나는 즐거운 친구가 몇 명 있나요? 여러 명일 수도 있지만 단 한 명일 수도 있어요. 우정을 나눌 수 있는 친구가 있다면 살아가는 데 외롭지도 않고 큰 힘이 된답니다.

 영원히 변하지 않는 우정을 가리킬 때 '관포지교'라는 고사성어를 많이 써요. 관포지교는 관중과 포숙아처럼 친구 사이의 두터운 우정을 가리켜요. 관중은 "나를 낳아준 것은 부모님이지만 나를 알아준 사람은 포숙아다"라고 말할 정도였어요. 그만큼 친구를 믿고 서로한테 위안과 기쁨이 되는 우정을 나눈 거지요.

학교에 다니면서 여러분은 수많은 친구를 사귈 수 있어요. 하지만 진정으로 자신을 알아주는 친구를 사귀려면 많은 노력이 필요해요. 《어린왕자》를 보면 어린왕자가 지구에서 여우를 만나요. 여우는 어린왕자한테 친하게 되려면 서로한테 길들여져야 한다고 말해요. 여우의 생활은 단순하고 지루했지만 어린왕자와 친구가 되면서 수많은 발소리 중에서 어린왕자의 발소리를 구분할 수 있게 되었고, 그 발소리는 음악소리처럼 여우를 불러낸다고 했어요.

우리도 마찬가지예요. 친구를 사귀게 되면 친구의 말이나 행동에 주의를 기울이게 되고, 친구가 좋아하는 음식이나 음악이 좋아지는 경우가 있어요. 한 사람의 노력만으로는 진정한 친구가 되기 힘들어요. 상대방이 나를 위해 노력하는 것처럼 나 역시 상대방을 위한 노력이 있을 때 진정한 우정을 나눌 수 있어요.

친구의 말을 경청하고 공감하기

아름다운 우정을 나누고 싶지만 방법을 몰라서 고민하는 친구들이 많아요. 어떻게 해야 아름다운 우정을 나눌 수 있을까요.

첫 단계는 바로 친구가 하는 이야기를 잘 들어주는 거예요. 건성으로 그냥 듣는 게 아니라 상대의 눈을 보고 미소를 지으며 잘 들어

줘야 해요. 그러면 상대방이 자신의 이야기를 솔직하게 털어놓을 수 있는 분위기가 되면서 더 깊은 이야기를 나눌 수 있어요.

<mark>둘째는 공감하는 거예요.</mark> 공감한다는 것은 친구가 속상할 때 함께 속상해하고, 친구가 기뻐하면 같이 기뻐하는 감정을 전달하는 거지요.

축구를 좋아하는 친구가 시합에서 실수로 자기 편 골대에 골을 넣은 이야기를 듣고 깔깔 거리며 웃거나 "너 때문에 졌구나" 하면 친구는 자신의 말을 멈추겠지요. 친구가 자살골을 넣고 느꼈을 창피함과 미안하고 속상한 감정을 생각해서 "정말 속상하지. 괜찮아" 라든지 "누구나 실수할 수 있어"라는 말을 한다면 친구도 정말 고마움을 느끼겠지요. 이것이 바로 공감이랍니다.

내 마음을 잘 표현하자

친구와 싸우는 일이 종종 있어요. 대부분의 경우 큰 일이 아니라 작은 일이고 사소한 오해 때문에 생기는 경우가 많아요. 상대방한테 내 마음을 잘 표현하는 일은 무엇보다 중요해요.

예를 들어 누군가 내 지우개를 빌려 쓰고는 던졌다고 생각해 보세요. 지우개는 책상에 부딪친 뒤 바닥에 떨어졌어요. 친구가 아무렇지도 않게 자기 할 일을 한다면 당연히 기분이 나쁘겠지요.

이럴 때 여러분은 어떻게 표현해야 할까요?

"니가 내 지우개를 빌려 쓰고 던지니까(너의 행동 때문에), 내 기분이 좋지 않아(나의 감정)."

==상대의 행동에 대해서 내가 어떤 감정인지를 정확하게 표현하세요. 그래도 상대방이 가만히 있다면 나의 요구사항을 정확하게 이야기해야 해요.==

"사과했으면 좋겠어"라고요.

아마 친구는 사과를 하며 미안해할 거예요. 하지만 사과를 하지 않고 "그깟 지우개 갖고서 되게 뭐라 하네"라는 친구가 있다면 그 친구와는 조금 거리를 두는 게 좋아요.

시간이 지나 내 마음이 편해지면 그 친구와 다시 가까워질 수 있어요. 하지만 친구가 내 말에 불만을 갖고 계속 시비를 걸거나 나를 힘들게 한다면 당연히 선생님께 말씀드려야 해요. 이것은 고자질이 아니라 나를 지키는 나의 당연한 권리니까요.

==자기표현을 부드럽게 하는 사람은 친구와의 갈등이 있어도 빨리 해결할 수 있어요. 반대로 내가 잘못했거나 실수했을 때에는 "미안!" 하고 한마디만 하면 안 돼요. 쑥스러워서 짧게 했다고 할 수도 있지만 상대방은 진정한 사과라고 못 느낄 수 있거든요. 사과 역시 제대로 해야 한답니다.==

친구와 가까워지기

친구와 가까워지는 좋은 방법은 친구의 취미나 특기에 관심을 가지는 거예요. 친구의 취미, 특기, 장점을 잘 관찰하다 보면 자연스럽게 화제를 만들 수 있어요. 가까워지고 싶은 친구가 피규어 모으기가 취미라면 피규어 이야기를 하면 되지요.

"수정아, 피규어 예쁘다."

"어릴 때 아빠가 출장다녀오시면서 선물로 주셨어."

"나도 관심은 있지만 좀 비싼 것 같아서."

"아니야. 싼 것도 있어. 내가 알려줄게."

이런 식으로 같은 취미를 공유하다 보면 당연히 가까워지게 되지요.

또 친구와 가까워지는 방법으로 친구의 장점을 바라보고 칭찬하기가 있어요. 영화 보는 것을 좋아하는 친구한테 "넌 영화를 많이 봐서 그런지 상상력이 엄청 풍부하고 창조적인 거 같아"라고 칭찬을 한다면 친구의 기분이 어떨까요? 나를 인정해 주는 칭찬을 들어서 기분도 좋아지고, 상대방에 대한 관심도 커질 거예요.

내 마음 나타내기 작성 방법

1. 왜 기록해야 할까요?

친구의 감정을 공감하고 자신의 감정을 부드럽게 전달하면서 나에게 생긴 문제를 해결할 수 있는 힘을 키울 수 있어요. 내 마음 나타내기는 소중한 친구를 사귀는 데 많은 도움이 되어요.

2. 무엇을 기록해야 할까요?

① 날짜를 적어 보아요.
내 마음을 표현했거나 표현해야 할 상황이 있다면 날짜를 적어 보세요.

② 내가 표현하고자 하는 방법을 적어 보아요.
내가 표현했거나 표현하고자 하는 부분이 경청, 공감, 나 전달, 관심 중 어디에 관련된 단어인지 생각하고 적어 보세요.

③ 내 마음을 표현할 사건을 적어 보아요.
친구가 경청을 잘한다면 '○○가 경청을 잘함'이라고 적어 보세요. 친구가 숙제를 가지고 오지 않아 속상할 때, 친구가 상을 받았을 때와 같이 친구 말에 공감할 일이 생기면 그것을 적어 보세요. 친구가 내 마음을 몰라주어 속상한 일이나, 관심이 생기는 사건이 있다면 그 부분을 간략하게 적어 보세요.

④ 그 문제에 대한 해결책을 찾아 적어 보아요.
그 사건에 대한 해결책을 찾아 적어 보는 거예요. 친구가 경청을 잘하는 것에 대해 "너는 경청을 정말 잘하는구나. 부러워"라고 적고 실제 그 친구에게 말해 주는 것은 어때요? 숙제를 가지고 오지 않아 속상해하는 친구에게 "숙제를 두고 와 속상하지?"라고 공감하고 그 부분을 해결 방안에 적어 보는 거예요. 친구가 나에게 심한 장난을 쳐서 기분이 나쁘다면 "네가 나에게 심한 장난을 치니, 내가 기분이 나빠. 사과했으면 좋겠어"라고 적어 봅니다.

내 마음 나타내기 보기

날짜	표현하기	사건	해결 방안
4/13	나전달	○○에게 지우개를 빌려 주었는데 쓰고나서 계속 주지 않았다.	○○아, 내 지우개를 빌려 가는 것은 괜찮아. 하지만 다 쓰고 나서는 나에게 다시 돌려줬으면 좋겠어.
4/26	칭찬	발표와 경청을 잘하는 친구 (이은지)	안 본 사이에 실력이 더 는 것 같아! 글씨도 더 예뻐지고 발표할 때 조리있게 말하고 경청할때도 엄청 열심히 하잖아~ 앞으로도 쭉쭉 가는거야
5/1	관심	나에게 다정하게 대해주는 친구 (배민지)	민지야, 너는 정말 다정해. 항상 이해해주시는 엄마처럼~! 나에게 다정하게 대해줘서 고마워~♡
5/16	경청(칭찬)	경청을 잘하는 친구 (권나성)	나성아, 너는 경청을 너무잘해. 경청을 잘하니까 발표도 자신감 있게 잘하고... 부러워!
5/29	공감	단소를 잘하게 된 친구	단소를 잘하게 되어 기쁘겠다. 나도 잘하게 되었을때 속이 시~원 했어.
6/2	칭찬	머리를 잘 묶는 친구 (배수민)	수민아 너는 머리를 이쁘게 잘 묶는 것 같아!
6/15	관심(인정)	나에게 맛있는 음식을 주시는 엄마.	엄마! 항상 저의 배를 배부르게 만들어주셔서 감사합니다!
6/24	관심	즐겁게 수업해주신 이인희 선생님.	선생님 따분한 수업을 재밌는 수업으로 바꿔주셔서 감사합니다!

내 마음 나타내기 작성해 보기

날짜	표현하기	사건	해결 방안

8. 공부방법
내 꿈은 공부랑 상관없어!

"세상에서 공부가 제일 싫어!"

"또 또 시작이다. 공부나 하면서 그런 말 하면 몰라. 공부도 안 하면서 맨날 그런 소리나 하고. 쯧쯧."

"치잇!"

"어쨌든 이번 시험에서 반평균보다 낮으면……, 알지?"

엄마 말이 해주한테는 공포 영화보다 더 무서웠다.

해주는 웹툰 작가가 꿈이다. 아직 그림이 서툴기는 하지만 가끔 그려서 친구들한테 보여주면 잘 그린다고 했다.

"우리 해주가 엄마 닮아서 그림을 잘 그리는구나. 웹툰 작가도 좋지. 아빠도 만화 정말 좋아했는데."

아빠도 응원을 해줬다. 하지만 엄마는 달랐다.

"웹툰이 경쟁이 얼마나 심한데. 아이디어도 엄청 많아야 되고, 그림도 잘 그려야 하고. 웹툰을 좋아하는 거랑 네가 직접 그리는 거랑은 달라. 네가 좋아한다니까 말리지는 않겠지만 그림만 그리는 건 안 돼. 공부하면서 그리든지 말든지 해."

해주는 얼른 어른이 돼서 웹툰 작가가 되고 싶었다. 아이들이 자신의 웹툰을 기다리다가 재밌게 보고 별점을 주는 모습을 상상하면 즐겁기만 했다.

문제는 공부였다. 웹툰을 보다 보면 하루가 어떻게 지나갔는지도 모를 정도로 시간이 빨리 지나갔다. 그러다 보니 예습은커녕 숙제할 시간도 부족했다. 잠을 제대로 못 자서 다음날 학교에 가면 선생님이 무슨 말씀을 하시는지도 몰랐다. 학교에서는 졸고 집에서는 밤늦게까지 웹툰을 보는 일이 반복되었고, 성적은 쭉쭉 내려갔다.

해주의 상황을 알게 된 엄마는 공부를 제대로 안 하면 핸드폰을 압수하고 웹툰을 못 보게 하겠다고 했다. 학교 마치고 잠시 친구들 폰을 빌려서 본다고 하지만 집에서 좋아하는 웹툰을 못 보는 것은 참을 수 없는 일이었다. 결국 아빠의 중재로 엄마와 해주는 약속을 했다.

이번 시험에서 성적이 80점 이하로 내려가지 않으면 해주가 원하는 대로 하고, 만약 80점이 안 되면 엄마가 다니라는 학원을 다니고 웹툰 포함 핸드폰을 하루에 1시간만 보기로 했다.

엄마와 약속할 때는 '80점 정도야 식은 죽 먹기'라고 생각했는데 시험 날이 다가오자 80점이 밤하늘의 별처럼 멀기만 했다.

"난 웹툰 작가가 될 건데 왜 공부를 해야 하는지 모르겠어."

웹툰이랑 국영수가 무슨 상관이 있다고 공부를 해야 하는지 정말 이해가 안 된다. 눈앞에 펼쳐진 학습지는 복잡하고 어려운 외계어 같았다. 해주는 조이 작가의 〈우리 시대〉라는 웹툰을 생각했다. 못생기고 평범한 여학생이 자기도 몰랐던 능력을 발휘해 나쁜 사람을 물리친다는 내용인데 어떤 웹툰보다 재미있었다. 해주는 연습장에 그림을 그리기 시작했다.

그림을 그리다 보니 어느새 휴식 시간이 됐다. 해주는 거실로 나가서 엄마한테 손을 내밀었다. 엄마는 해주한테 핸드폰을 줬다. 15분 동안은 핸드폰을 볼 수 있다.

단톡방에 친구들이 모여 있었다. 내용을 본 해주는 멈칫했다. 연정이가 《어린이와 함께》라는 잡지에 보낸 그림이 '솜씨 자랑'에 뽑혀 실렸다는 거다. 연정이 그림까지 크게 실린 사진도 있었다. 친구들은 연정이한테 축하 인사를 하고 있었다. 연정이가 그린 그림이 잡지에 실렸다는 것도 놀라운 일인데 더 놀라운 일이 있었다. 연정이의 장래 희망이 웹툰 작가라는 사실이었다. 잡지에는 '미래의 웹툰 작가를 꿈꾸는 김연정 어린이'라고 적혀 있었

다. 해주는 '축하해'라는 말을 남기고 단톡방에서 나왔다. 축하하고 싶지 않았지만 아무 말도 안 하면 오해를 사게 된다.

단톡방을 나오자마자 단짝인 정희한테서 전화가 왔다.

"연정이 완전 여우에 깍쟁이 아니냐? 웹툰에 전혀 관심 없는 척하더니, 장래 희망이 웹툰 작가라니. 너랑 라이벌이네. 해주야, 너도《어린이와 함께》에 내봐. 네 실력이라면 뽑힐 거야."

친한 정희한테도 털어놓지 못한 비밀이 있다.《어린이와 함께》는 아이들한테 인기 있는 잡지다. 해주도 '솜씨 자랑'에 뽑히기를 바라며 몇 번이나 그림을 보냈다. 처음에는 자신이 그린 그림이 뽑혀서 친구들이 부러워할 거라고 생각했다. 그런데 계속 뽑히지 않았다. 몇 번을 보내도 소식이 없자 더는 보내지 않았다. 자신은 단 한번도 뽑히지 못했는데 연정이가 그린 그림은 뽑혔다. 그것도 처음으로 보낸 그림이.

"연정이는 뭐 하러 웹툰 작가 하는 거야? 공부도 잘하면서."
"뭐?"
해주는 자기도 모르게 신경질적으로 반응했다.
"사실이 그렇잖아. 공부 잘하면 의사나 판사 그런 거 하지. 솔직히 넌 공부도 하기 싫고 성적도 별로고 해서 웹툰 작가 한다고 그런 거잖아."
생각지 못한 정희의 말에 해주는 할 말을 잃었다. 엄마가 핸드폰을 달라고 손을 내밀지 않았다면 계속 정희 말을 듣고 있었을지 모른다.

방으로 들어온 해주는 정희가 한 말에 대해 곰곰이 생각했다. 사실이 그렇다. 언제부터였는지 공부가 하기 싫었다. 당연히 텔레비전이나 게임, 웹툰은 재미있었고, 노래를 잘 부르는 것도 연기를 할 것도 아니고……, 좋아하는 웹툰 작가의 그림을 따라 그리다 보니 친구들한테 칭찬을 듣게 되고 그러다 보니 나도 모르게 웹툰 작가가 되겠다는 생각을 했다.

해주가 먼저 이야기하지 못한 속마음을 정희는 알고 있었다. 그렇다면 혹시 엄마도 알고 있지 않았을까.

"또 또 딴 나라 갈 거야. 어휴, 그렇게 공부가 싫어?"

과일을 들고 온 엄마가 한숨을 크게 내쉬며 해주를 보고 있었다.

"엄마……, 있지."

해주는 밖으로 나가려던 엄마의 소매를 잡았다.

"엄마도 알고 있어?"

"뭘?"

"나 공부하기 싫어서 웹툰 작가 하겠다고 한, 으익!"

엄마가 해주의 볼을 죽 잡아당겼다.

"당연히 모를 수가 없지. 온몸으로 나 공부하기 싫어요를 뿜뿜 뿜어내는데. 근데 너 웹툰 작가 되는 게 의사나 판사 되는 것 못지않게 어려워. 네가 좋아하는 웹툰 작가가 왜 1년 동안 좋아하던 여행을 한 번도 못 갔는지 알아?"

전혀 생각지도 못한 질문이었다.

"쉬는 날도 없이 아이디어 찾고, 책 읽고 고민하고 공부하면서 작업하느라 집 밖으로 나갈 시간은커녕 밥 먹을 시간도 제대로 없었던 거야. 너 그렇게 공부하기 싫어하는데 어떻게 웹툰 작가가 돼. 창작의 고통이 뼈를 깎는 고통이라는 말이 있어. 그만큼 힘들고 어렵다는 말이야."

뼈를 깎는다는 말에 해주는 몸서리를 쳤다. 생각만 해도 아프다.

"해주야, 생각해 봐. 운동선수, 가수, 개그맨, 요리사가 되고 싶은 사람은 학교를 왜 다닐까? 왜 국어를 공부하고 수학을 공부하고 영어를 공부할까? 그 시간에 그냥 노래 부르고 공 차고 웃기고 그러지 않고. 어떤 분야든지 성공한 사람은 무슨 일을 해도 성공할 사람들이야. 지금부터라도 공부는 꿈을 이루기 위해 도와주는 친구라고 생각해 보면 어떨까?"

해주는 엄마 말을 진지하게 들었다. 엄마는 텔레비전이나 뉴스에서 보이는 성공한 연예인들이나 요리사, 웹툰 작가, 디자이너 모두 그 자리에 오르기까지 얼마나 치열하게 공부하고 노력했을지 생각해 보라고 했다. 연습생이 되고 데뷔하기까지 10년이 걸리고, 운동을 하다가 부상을 당해 기약 없는 재활과 통증에 시달리고, 수백 번 수천 번 똑같은 그림을 그리는 모습을 떠올리자 공부보다 쉬울 거라는 생각은 저 멀리로 날아갔다.

연정이는 하루 사이에 스타가 됐다. 해주를 둘러싸고 해주의 그림이 좋다고, 재미있다고 하던 아이들이 연정이를 둘러싸고 그림 연습을 어떻게 했는지 묻고 있었다.

해주는 자기 자리에 가서 앉았다.

"속상하지?"

정희 말에 해주는 살짝 고개를 끄덕였다. 자신의 속마음을 아는 정희한테는 마음을 숨기고 싶지 않았다.

"그래도 네 꺼가 훨씬 재미있어."

정희의 격려에 해주는 힘이 났다.

"그림도 더 열심히 연습해야지. 공부도 하고."

웹툰 작가는 그림만 잘 그리면 되지, 공부가 왜 필요하냐고 하던 해주 입에서 공부 이야기가 나오자 정희가 놀란 표정을 지었다.

"공부를 해 보려고. 좋은 웹툰 작가가 되려면 공부도 하는 게 맞는 것 같아."

"야, 너 이상해. 너 안 같아."

그때 해주와는 별로 친하지 않은 소라가 해주 자리로 다가왔다.

"우해주, 너 어쩌냐? 새로운 웹툰 작가가 등장했는데. 연정이 그림 보다가 네 그림 보니까 좀 구리더라고."

소라 말에 몇몇 아이들이 킥킥거렸다.

"응. 나도 연정이 그림 봤는데 정말 좋더라. 그래서 나도 더 연습하려고. 근데 지금은 공부할 시간이라, 좀 비켜 줄래."

해주 말에 소라 얼굴이 벌겋게 변했다.

"우앙, 해주야. 굿굿!"

정희가 엄지를 치켜세웠다.

해주의 꿈은 웹툰 작가다. 공부는 웹툰이랑 상관이 없는 게 아니라 좋은 웹툰을 그릴 수 있고, 웹툰 작가가 될 수 있도록 도와주는 친구라고 생각하니 마음이 달라졌다.

힘들겠지만 웹툰도 공부도 열심히 해 볼 생각이다. 같은 반에 라이벌이 생긴 만큼 더 열심히 해서 꼭 작가가 되고 싶다.

학습을 지배하는 최강의 공신검

공부는 꿈을 이루는 과정

학생이 해야 하는 일 중 가장 중요한 것이 공부라는 건 누구나 알 거예요. 그런데 왜 공부를 해야 하는지, 어떻게 공부를 해야 하는지 모르는 친구들이 많아요.

공부는 내가 꿈을 이룰 수 있도록 도와주는 친구예요. 내가 하고 싶고, 가고 싶고, 되고 싶고, 나누고 싶은 것을 잘하려면 공부를 해야 해요. 꿈이 무엇이든 살아가는 데 있어 공부를 통해 깨달은 지식은 스스로에게 큰 재산이 돼요.

"공부를 잘한다고 행복할까요?"라는 질문을 하는 친구들이 있어요. '공부를 하지 않아도 행복할 수 있다'는 말을 하고 싶은 친구들이

겠지요. 물론 공부를 잘한다고 해서 행복할지, 공부를 못한다고 해서 불행할지는 아무도 몰라요. 하지만 공부를 잘하면 내 꿈을 이루는 데 있어 좀 더 많은 기회를 갖게 된답니다. 재능이 필요하다고 생각하는 예술 분야 역시 공부를 잘하면 더욱 주목을 받게 돼요. 공부가 나에게 더 많은 기회를 줄 수 있다고 생각하고 공부에 대해 긍정적인 이미지를 가져 보세요. 그렇다면 당연히 내 행동이 바뀌어야겠죠.

현재의 모습이 미래의 내 모습을 결정해요. 게임만 하면서 시간을 보내고 공부를 제대로 하지 않는다면 공부를 잘할 가능성이 떨어져요. 지금부터라도 열심히 공부한다면 미래의 나는 꿈을 이룬 행복한 사람이 되어 있을 거예요.

예습 비밀노트

학교에서 수업할 내용을 미리 예습하는 것은 중요한 일이에요. 예습을 하면 선생님이 가르치는 수업 내용을 더 쉽게 이해할 수 있고, 중요한 내용을 놓치지 않을 수 있어요. 특히 예습을 하면서 궁금했거나 몰랐던 의문점을 해결할 수 있어요.

반대로 예습을 하지 않았는데 선생님이 가르치는 내용이 어렵다면, 무엇인지 몰라서 흥미를 잃을 수 있고, 수업 내용을 제대로 따라가기가 힘들 수 있지요. 그렇다면 예습은 어떻게 하는 게 좋을까요?

❶ 훑어보기

교과서를 훑어보면서 제목과 학습 목표를 세 번씩 읽어 보세요. 그만큼 제목과 학습 목표는 중요합니다. 세 번을 읽었다면 무엇을 배울지 알 수 있을 거예요. 그다음 제목이나 학습 목표를 생각하며 배울 내용을 연필을 쥐고 의미 단위로 빠르게 읽어 보세요. 의미 단위는 단어를 하나씩 따로 이해하는 것이 아니라 두 단어, 혹은 그 이상의 단어가 합쳐졌을 때 그 단어들이 뜻하는 것을 아는 거예요. 예로 '빨간 사과가 맛있게 생겼다'는 문장이 있다면 빨간/ 사과가/ 맛있게/ 생겼다/로 나눠서 읽는 게 아니라, 빨간 사과가/ 맛있게 생겼다/라는 의미 단위로 읽어 보세요. 단어로 나눠서 읽는 것보다 빨리 읽히고 집중력이 높아집니다.

이렇게 책을 읽을 때는 의미 단위로 읽는 연습을 해 보세요.

❷ 핵심 단어 네모치기

책을 보면 제목이나 학습 목표를 중심으로 내용이 연결되어 있는데 훑어보면 책의 단락이 끊기는 부분이 있어요. 각 문단마다 중요한 내용이 있고 중요한 내용에 핵심 단어가 있어요. 이 단어에 네모를 치세요. 한 단락에서 중요한 것을 내가 찾는다는 생각으로 네모를 치게 되면 제목이나 학습 목표에 핵심 단어가 나오고 단락에도 나와요. 그중 가장 중요한 핵심 단어 3~4개 정도에 네모를 치세요.

❸ 궁금한 내용에 물음표하기

책에는 당연히 내가 모르거나 어려운 내용이 나와요. 이때 '이게 뭐지?' 하면서 평소보다 더 천천히 내가 모르는 부분이 무엇인지 생각하면서 모르는 용어나 학습 목표에 물음표를 치세요. 제목에 물음표를 치면 밑에 있는 내용을 훑어볼 때 더 큰 의미를 가지고 읽게 돼요.

❹ 핵심 단어 정리하기

네모 친 핵심 단어를 예습장에 적어 보세요. 예습한 날짜와 쪽수를 적고 중요한 핵심 단어를 3~5개 정도 적어 보세요.

예습은 가볍게 책을 읽는다는 생각으로 학교 가기 전, 주말, 수업하기 전에 하면 돼요. 제목이라도 보고 내용을 확인하고 수업을 들으면 수업 시간에 이해가 훨씬 빠르답니다.

수업 비밀노트

선생님 말씀과 친구 말을 경청하면서 자신의 의견을 토의, 토론, 발표하고 내용을 정리하는 것이 수업이에요. 수업 시간에 가장 중요한 것은 무엇일까요? 선생님은 경청하는 태도와 질문과 토의, 토론을 포함한 발표라고 생각해요. 수업 시간이 행복하려면 경청과 발표가 자연스러워야 해요. 경청과 발표를 잘하려면 어떻게 하면 될까요?

❶ 바른 자세 하기

먼저 손에 쥐고 있는 것이 있다면 놓으세요. 필기를 한다면 연필을 쥐어야겠지만 친구나 선생님의 이야기를 들을 때는 손에 무엇을 쥐고 있는 것이 집중을 방해할 때가 많아요. 손은 가지런히 하고 자연스럽게 허리를 펴면 좋아요.

❷ 시선 맞추기

수업 시간에 발표하는 사람이 있으면 그 사람의 눈을 보세요. 이때 미소를 띠면 더 좋겠지요. 미소를 띠고 그 사람을 본다는 것은 내가 당신에게 좋은 감정을 가지고 있다는 표현이기도 해요. 그런 좋은 감정은 수업을 더 흥미롭게 만들고 배움을 즐겁게 만들어요.

❸ 끄덕이며 듣기

끄덕이며 듣는다는 것은 상대의 이야기를 적극적으로 반응하며 듣는다는 거예요. 상대의 말을 마음속으로 동시에 따라 하며, 이해되는 말, 중요한 말에 고개를 끄덕여 보세요. 끄덕이는 순간 알고자 하는 지식이 머릿속에 더 쉽게 정리되는 놀라운 경험을 하게 될 거예요.

중요하거나 이해되는 내용에 끄덕이는 것이 무의식적으로 이루어지면 그 친구는 경청의 고수가 된 거예요. 경청의 고수가 되면 수업 내용이 쉽게 이해되고 발표도 쉬워져요. 심지어 연필을 쥐고 선생님이 말한 것을 메모하면서 들을 수도 있게 되지요.

❹ 발표하기

경청을 잘하면 수업 내용이 이해가 잘되어 발표하는 것이 쉬워져요. 발표할 때는 친구들이 들리도록 또렷한 목소리로 말해야 해요. 또렷한 목소리로 발표하려면 배에 힘을 주고 입을 크게 벌리고 자신감을 가져야 해요.

그런데 친구와 생각이 다르거나 틀릴까봐 발표를 두려워하는 친구가 있어요. 그 친구들은 이것을 꼭 기억하세요. 수업 시간 토의와 발표 때 서로 생각이 다를 수 있어요. 사람마다 생각이 다르기 때문에 수업 시간이 더 재미있고 배움이 흥미로워지는 거예요. 내가 답을 틀리게 말할 수도 있어요. 우리는 배우는 학생이기 때문에 어쩌면 틀리는 것이 당연해요. 틀려도 괜찮아요. 선생님은 틀리는 것을 발표하는 그 친구도 정말 소중하게 느껴져요.

❺ 근거를 말하며 발표하기

발표할 때는 친구들을 향해 서서 자신의 주장과 이유를 말해요. 근거가 있으면 덧붙여 말해요. 이유에 대한 근거까지 말할 수 있으면 더 신뢰할 수 있는 발표가 되겠지요. 친구가 내 근거에 대해 반박한다면 재반박할 수도 있어요. 다만 친구의 이야기를 존중하며 내 주장을 펼쳐야 상대와 편안하게 토론할 수 있어요.

❻ 알게 된 점 정리하기

상대의 이야기와 내 생각을 모아 알게 된 내용을 정리할 수 있어야 해요. 나 혼자의 생각보다 서로 토의하며 함께 나누었던 이야기가 더 깊이 있는 경우가 많아요. 이제부터 수업할 때 적극적으로 자신의 의견을 말하며 참여해요. 그래야 배운 내용도 더 오래 기억에 남고 생활에서 실천할 수 있어요. 이렇게 수업에 집중한다면 수업 이후의 복습은 당연히 훨씬 쉬워지겠지요.

복습 비밀노트

복습은 수업 시간에 배운 내용을 다시 익히는 과정이에요. 매일 조금씩 반복하는 복습을 통해 우리는 배운 내용을 오랫동안 기억할 수 있어요.

복습은 배운 그날 즉시 하는 것이 좋아요. 에빙하우스의 망각곡선 이론에 따르면 당일 복습을 하지 않으면 배운 내용의 70퍼센트를 잊어버려요. 배운 내용을 즉시, 그 다음날, 그 주 토요일, 월말 토요일, 시험 칠 때 5회 반복 복습하면 어렵던 시험이 쉽게 느껴질 거예요.

그럼 복습은 어떻게 하는 게 좋을까요?

❶ 중요한 내용에 밑줄 치기

복습의 첫 단계는 밑줄 치기예요. 먼저 교과서를 펼쳐 제목, 핵심 단어 위주로 훑어보고, 수업 시간에 중요하다고 말한 부분은 파란색으로 밑줄을 치고, 중요 단어는 빨간색 동그라미를 쳐요. 색 볼펜이 부담스러운 친구는 연필로 밑줄과 동그라미를 쳐도 되어요. 배운 내용을 두세 번 정도 교과서를 통해 살펴본다는 것이 밑줄 치기의 핵심 포인트예요.

'예습할 때 이렇게 읽었고, 수업 시간 이렇게 배웠지'라고 생각하며 훑어보고 중요한 내용에 밑줄 치고 동그라미를 그려요. 이때 꼭 지켜야 할 것은 중요한 것에만 밑줄을 치는 거지요. 교과서에는 일반적인 내용보다 중요한 핵심만 정리한 경우가 많기 때문에 생각 없이 밑줄을 치면 모든 내용에 줄을 칠 수 있어요. 그래서 정말 중요한 것이 무엇일까에 더 집중해야 합니다.

❷ 밑줄 친 내용 정리하기

복습장에 줄친 내용을 정리하세요. 동그라미 친 핵심어는 왼쪽에 쓰고 줄친 핵심 문장은 요약해 오른쪽에 써요.

복습장 정리는 처음에는 힘들어요. 하지만 정리를 하다 보면 공부하는 데 큰 도움이 돼요. 처음 복습장을 쓰는 친구라면 사회나 과학 중 하고 싶은 과목 하나를 선정해서 먼저 해 보세요. 하다 보면 실력이 는다는 게 느껴지고 성적이 꾸준히 올라갈 거예요.

❸ 핵심 내용을 직접 가르쳐 보기

복습장에 있는 내용을 누군가에게 알려준다는 생각으로 설명하는 거예요. 가르치기를 할 때는 정리한 부분을 안 보고 설명해요. 인형이나 내가 아끼는 물건 중 하나를 정해 가르쳐 보세요. 가르치기를 하면서 지식을 머릿속으로 다시 정리하는 것은 물론, 몰랐던 부분이 무엇인지 정확히 알게 된답니다.

혼자서 할 수도 있지만 친구와 함께 해 보면 효과가 더 좋아요. 서로 가르치기를 하면서 한 번 더 복습하고, 서로 몰랐던 것을 알게 되니 두 배로 공부가 되는 거죠.

❹ 문제 풀어 보기

문제를 풀기 위해서는 먼저 문제를 자세히 봐야 해요. 문제 속에서 구하는 게 무엇인지, 구하기 위한 조건이 어떤 것인지 살펴본 다음 풀면 더 쉽게 풀립니다. 그다음에 풀이 과정과 해답을 찾아보세요. 시험 칠 때 공부한 내용이 생각나면 좋지만 그렇지 않을 때도 많지요.

평소 5회 반복 공부한 게 아니라 벼락치기로 공부했을 때는 더욱 그래요. 이럴 때는 복습 시 오감을 활용하세요. 오감이라는 것은 시각, 청각, 촉각, 미각, 후각이에요. 글로만 읽지 말고 장면을 떠올리며 읽어 보세요. 주인공이 되어 교과서에 나오는 인물이나 사물과 대화도 하고 이야기 속의 장면에서 냄새도 맡고 손으로 감촉도 느껴 보세요. 오감을 사용한다는 것은 마음속의 마인드맵을 그리는 것과 같은 이치예요.

마인드맵을 이용하면 좌뇌와 우뇌의 사고 결합을 통한 기억력 향상과 생각을 키우는 데 큰 도움이 되는 것처럼 오감 활용은 복습한 것을 오랫동안 기억나게 해요. 그 결과 문제풀이도 쉬워지고 시험 결과도 잘 나오게 되지요.

오답노트 활용법

오답을 잘 관리하는 것이 시험을 잘 치는 비결이에요. 틀린 문제를 보면 기분 나빠 하고 문제를 덮으려고 해서는 안 돼요. 그러면 다음번에도 똑같은 문제를 또 틀릴 수 있어요.

오답을 보며 질문을 해 보세요. 내가 왜 틀렸는지, 내가 어떻게 해야 할지, 개념을 잘 알고 있는지 등등 질문을 하고 점검해야 해요.

이런 노력을 해야만 다음에는 틀리지 않아요. 이 과정을 통해 내가 부족한 부분이 뭐였는지 점검을 하고 마음에 새겨야 해요. 이 과정에서 필요한 것이 오답노트예요.

오답노트는 하루에 3~5개 정도가 적당해요. 내가 던진 질문을 통해 틀린 문제의 핵심이 나타나게 요약하고, 풀이 과정과 핵심 포인트를 기록해요. 틀린 부분은 교과서를 보고 확인하고 복습장에 빨간색 줄이나 별표, 형광펜으로 표시를 하세요.

복습장 작성 방법

1. 왜 기록해야 할까요?

사람은 공부하면서 배운 내용을 10분 후부터 잊어버리기 시작해 하루가 지나면 약 70퍼센트를 잊어버려요. 수업 시간에 배운 내용을 다시 익히는 과정인 복습은 그래서 중요해요. 복습하면서 복습장을 쓰면 배운 내용을 더 오래 기억하고 더 쉽게 알 수 있어요.

2. 무엇을 기록해야 할까요?

① 날짜, 과목, 단원명을 적어 보아요.

복습하는 날짜와 과목, 단원을 적어요. 과목, 단원이 같으면 다음 페이지 복습장에서는 생략할 수도 있어요.

② 교과서의 핵심 단어를 복습장 왼쪽에 적어 보아요.

들은 수업을 토대로 교과서의 핵심 단어가 무엇인지 찾아 교과서에 동그라미를 쳐 보세요. 동그라미 친 것을 복습장 왼쪽 핵심 부분에 적으면 돼요. 2단원 두 번째 '자주독립국가의 선포' 부분 중 대한제국을 세운 까닭을 알아보는 내용이 있어요. 여기에서 중요한 핵심은 갑오개혁, 을미사변, 독립협회, 대한제국설립이에요. 이 핵심을 복습장 왼쪽에 적는 거예요.

③ 핵심 단어와 관련된 내용을 오른쪽에 적어 보아요.

갑오개혁이란 근대국가로 나아가기 위해 개혁을 추진한 제도예요. 신분, 과거제도를 폐지한 것과 조세제도를 개혁하여 관리들이 횡포를 부리지 못하게 하였지요. 그러면 갑오개혁을 보고 오른쪽에 쓸 내용은 뭘까요? '신분·과거제도 폐지, 조세개혁'이라고 적으면 되겠지요.

복습장에 핵심 단어를 적고 다음 내용으로 넘어갈 때는 한 줄씩 여백을 줘요. 그래야 반복해서 보기가 쉬워요.

④ 요약하여 적어 보아요.

핵심과 내용 중 정말 중요한 부분을 한 번 더 요약해요. 왼쪽 핵심 단어를 안 보고 써 보기도 하고 표와 마인드맵으로 구조화할 수도 있어요. 나만의 방식으로 전체 내용을 요약해 보아요.

복습장 보기

날짜: 20** 년 6월 5일

과목: 사회
단원명: 2. 자주독립국가의 선포

5회 반복	1	2	3	4	5
	6/5	6/6	6/10	6/24	7/29

핵심	내용
갑오개혁	대한제국 세운 까닭 (신분 과거 제도 폐지), 조세제도 개혁
을미사변	명성황후 시해 → 일본 반감, 단발령 → 의병, (아관파천)
독립협회	서재필, 독립신문 창간, 독립문, (만민운동회) 개최
대한제국수립	고종, 자주독립국가 선포 독립협회 중심 자주 독립 열기 ↑ 개혁: 전기, 교통시설 확충, 공장회사, (근대 학교 설립)
요약	갑오개혁으로 신분제도가 폐지 대한제국 수립 을미사변은 아관파천으로 이어짐 ↳ 자주 독립 국가 독립협회 서재필은 만민 공동회 개최

복습장 작성해 보기

과 목:

단원명:

날짜:　　년　　월　　일

5회 반복	1	2	3	4	5

핵심	내용
요약	

가족 독서

독서 습관을 키우는 가족 독서

어릴 때 책을 읽어 달라 조르던 아이가 초등학교 고학년이 되면 책을 멀리합니다. 학원 숙제, 스마트폰을 하다 보면 책 읽는 것이 어려워지는 거지요. 부모님이 책을 강제로 읽히면 아이 감정만 상합니다.

아이의 독서 습관을 키우는 방법으로 가족 독서를 추천해요. 가족 독서는 가족이 같은 시간, 약속한 장소에서 책을 함께 읽는 것을 말합니다. 가족끼리 책으로 생각을 나누는 과정에서 가족끼리 화목해지고 독서 문화도 만들어 져요.

가족 독서 환경 만들기

가족 독서가 잘되려면 어떻게 할까요?

첫째, 아이가 좋아하는 환경을 만드세요. 가족 독서 전 책 나들이를 가서, 아이가 원하는 책을 고르게 해 주세요. 그러면 아이는 빨리 가족 독서를 하고 싶어 할 거예요. 아이가 좋아하는 간식도 준비하면 가족 독서 분위기가 더 좋겠지요.

둘째, 아이가 주인공이 되게 하세요. 아이 수준에 맞는 책을 읽고, 아이 말에 공감합니다. 가족 독서를 이끄는 역할을 부모님께서 시범을 보인 후, 아이에게 맡겨보세요. 아이가 더 적극적으로 독서를 할 거예요.

셋째, 가족 독서가 잘 되면 자녀가 좋아하는 활동을 함께 하세요. 가족 독서 10일차, 30일차에 아이와 함께 하고 싶은 일을 하고, 가보고 싶은 곳을 가는 거예요. 그럼 가족에게 독서를 통한 행복한 추억이 쌓이고 책을 읽고 싶은 동기도 많이 생기겠지요.

가족 독서 단계

가족 독서는 1단계에서 5단계로 나눌 수 있어요. 독서 단계는 가족이 의논해 선택하세요. 독서가 잘 되면 단계를 높이고, 어려우면 단계를 낮춥니다.

1단계는 각자 좋아하는 책을 읽는 거예요. 매일 10분, 길어도

30분을 넘지 않도록 합니다. 10분 읽다 보면 읽는 시간이 점점 길어질 거예요.

2단계는 각자 원하는 책을 읽고 중요한 문장과 이유를 나눕니다. 이때 내 생각과 느낌, 배울 점, 성찰, 실천할 부분을 말합니다.

3단계는 가족끼리 같은 책을 읽습니다. 같은 책을 읽고 중요 문장과 느낀 점을 말하면 다른 책을 읽었을 때 보다 더 성장합니다. 같은 책에서 하나의 보물 문장, 하나의 깨달음, 하나의 실천을 찾으면 찾아오는 행복이 두 배가 됩니다.

4단계는 같은 책을 읽고 떠오른 생각을 책에 메모합니다. 줄 치기, 별표, 귀접기를 하고 떠오른 생각을 책에 적으면 가족과 토론할 때 도움이 됩니다.

5단계는 같은 책을 읽고 책에 메모하고 토론하고, 공책에 내용과 느낌을 적는 것입니다. 공책에 한 줄 문장, 한 줄 느낌, 세 줄 쓰기, 독후 감상문 쓰기를 할 수 있어요.

가족독서 단계별 진행 방법

1단계 독서
① 모두 책을 가지고 모여 주세요.
② 좋은 소식 있으면 나누겠습니다(감사, 칭찬).
③ 각자 읽고 싶은 책으로 독서를 시작하겠습니다.
④ 이상으로 가족 독서를 마치겠습니다.

2단계 독서
① 모두 책을 가지고 모여 주세요.
② 좋은 소식 있으면 나누겠습니다(감사, 칭찬).
③ 각자 읽고 싶은 책으로 독서를 시작하겠습니다.
④ 본깨적 발표하겠습니다. 누가 먼저 할까요?
⑤ 이상으로 가족 독서를 마치겠습니다.

3단계 독서
① 모두 책을 가지고 모여 주세요.
② 좋은 소식 있으면 나누겠습니다(감사, 칭찬).
③ 지금부터 (   ) 책으로 가족 독서를 시작하겠습니다.
④ 먼저 책 (   )쪽을 함께 읽겠습니다(미리 책을 읽으면 생략 가능).
⑤ 본깨적 발표하겠습니다. 누가 먼저 할까요?
⑥ 질문이나 보충 있습니까?(핵심 내용을 꼬리 잡으며 토론한다)
⑦ 이상으로 가족 독서를 마치겠습니다.

4단계 독서
① 모두 책을 가지고 모여 주세요.
② 좋은 소식 있으면 나누겠습니다(감사, 칭찬).

③ 지금부터 (   ) 책으로 가족 독서를 시작하겠습니다.
④ 먼저 책 (   )쪽을 함께 읽겠습니다(미리 책을 읽으면 생략 가능).
⑤ 책 속에 본 것, 깨달은 점, 적용할 점을 적겠습니다(본깨적 정리는 미리 적어 오면 생략 가능).
⑥ 본깨적 발표하겠습니다. 누가 먼저 할까요?
⑦ 질문이나 보충있습니까?(핵심내용을 꼬리 잡으며 토론한다)
⑧ 이상으로 가족 독서를 마치겠습니다.

5단계 독서
① 모두 책을 가지고 모여 주세요.
② 좋은 소식 있으면 나누겠습니다(감사, 칭찬).
③ 지금부터 (   ) 책으로 가족독서를 시작하겠습니다.
④ 먼저 책 (   )쪽을 함께 읽겠습니다(미리 책을 읽으면 생략 가능).
⑤ 책 속에 본 것, 깨달은 점, 적용할 점을 적겠습니다(미리 적으면 생략 가능).
⑥ 책 속 본깨적 한 부분을 발표하겠습니다. 누가 먼저 할까요?
⑦ 질문이나 보충있습니까?(핵심 내용을 꼬리 잡으며 토론한다)
⑧ 보물찾기(독서 공책)에 오늘 본깨적 토의에서 필요한 내용을 정리하겠습니다.
⑨ 이상으로 가족 독서를 마치겠습니다.

* 본깨적 발표: 책에서 본 것(핵심문장), 깨달음(생각), 적용(실천)할 부분을 발표

가족 독서 약속 정하기

1. 지금부터 가족 독서를 어떻게 할지 토론하겠습니다.
   누가 먼저 할까요?

   저는 올해 우리 가족과
   (장소) _____ 에서
   (시간) _____ ~ _____ 까지
   (단계) _____ 단계로
   가족 독서 하고 싶습니다.

2. 이제 각자 나눈 생각을 모아 봅시다.
   ① 우리 가족 독서 이름을 정해 보겠습니다.
   ② 가족 독서 단계는 몇 단계로 할까요?
   ③ 가족 독서 장소는 어디에서 할까요?
   ④ 가족 독서 시간을 정하겠습니다.
   ⑤ 가족 역할을 정해 볼까요?

   가족독서 이름 : _____
   가족독서 단계 : _____
   가족독서 장소 : _____
   가족독서 시간 : _____
   가족 역할 : _____

   예시) 이끔이(진행), 칭찬이(간식), 시간이(시간), 기록이(기록)

3. 이상으로 가족 독서 약속 만들기를 마치겠습니다.

가족독서 5단계 예시

책제목 : 8가지 리더십 보물을 찾아라
시간 30분, 사회자는 시간 체크

1. 모이기
모두 책을 가지고 모여주세요(책과 공책, 필기구를 가지고 모인다).

2. 감사 칭찬하기(2분)
좋은 소식 있으면 나누겠습니다(감사, 칭찬).

   아빠 : 오늘 지혜가 가족들의 책을 가져온 것을 칭찬하고 싶어.
   지혜 : 아빠 고마워요
   엄마 : 오늘 사랑이가 밝은 목소리로 인사하고 정리정돈 잘한 것을 칭찬하고 싶어.
   사랑 : 엄마 고마워요.

3. 책 읽고 생각 메모(20분)
- 지금부터 『8가지 리더십 보물을 찾아라』으로 가족 독서를 시작하겠습니다.
- 먼저 책 10쪽에서 29쪽까지 읽겠습니다(읽어주기, 가족끼리 한쪽씩 돌아가며 읽기, 혼자 읽기). 읽으면서 책에 본 것, 깨달은 점, 적용할 점을 적겠습니다.

4. 나누기(5분)

책에서 느낀 점을 함께 나누겠습니다.

> 지혜 : 저는 25쪽 7째 줄에 있는 "좋아하는 일과 잘하는 일이 다를 때는 어떡해야 할까요? 이럴 때는 잘하는 것을 선택하는 것이 좋은데 잘하는 것이 재능이에요"가 가장 기억에 남아요. 좋아하고 잘하는 일의 차이가 적으면 좋아하는 일, 크면 저도 잘하는 일을 할거 예요. 잘하는 일을 하면 결국 인정받아 재미있어 지고, 좋아하는 일은 취미로 하면 돼요.
>
> 사랑 : 저는 20쪽 "언젠가는 제가 좋아하고 잘하는 일을 발견할 수 있을 거라고 믿어요" 부분이 기억에 남아요.
>
> 아빠 : 사랑이는 왜 그 문장이 기억에 남아?
>
> 사랑 : 내 꿈이 아직 정해지지 않아서요. 어제는 요리사, 오늘은 AI 전문가로 생각이 바뀌어요.

5. 정리하기(3분)

- 보물찾기(독서 공책)에 오늘 본깨적 토의에서 알게 된 부분을 기록해 주세요.
- 이상으로 가족 독서를 마치겠습니다.

리더십의 힘, 8가지 보물

 이 책을 통해 어린이가 좋은 습관을 형성하고 행복해지기를 응원합니다. 어린이들이 자신을 사랑하고, 재능과 비전을 찾아 스스로의 인생에 주인공이 되었으면 하는 바람에서 쓰게 되었습니다. 또 마음대로 되지 않는 부모님의 고민에도 도움을 드리고 싶었습니다.

 가끔 부모님들께서 자녀를 사랑하는 마음과는 다르게 자녀의 작은 실수에도 쉽게 화를 내는 모습을 봅니다. 하지만 이 과정에서 자녀가 수치심을 느낀다면 의도했던 교육은 전혀 이루어지지 않을 것입니다. 이 책을 읽는 부모님께 당부 드리고 싶습니다.

 첫째, 자녀를 있는 그대로 사랑해 주세요. 자녀의 말에 공감하고 자녀의 눈높이에서 대화해 주세요. 그러면 좋은 관계가 만들어지고 자녀의 열정이 살아날 것입니다. 둘째, 인정하는 칭찬을 해 주세요. 말의 힘은 정말 대단합니다. 사랑의 말을 해 준 양파는 싱싱하게 자라는 반면, 무관심이나 심한 말을 들은 양파는 시들해집니다. 사랑의 말, 인정하는 칭찬을 들은 자녀 역시 멋지게 자랄 것입니다. 셋째, 함께 할 약속을 정해 보세요. 고정 시간을 정해 10분 독서, 10분 운동 등 부담 없이 매일 달성할 수 있는 목표로 작은 성공을 맛보게 해 주세요.

어린왕자가 감동을 주는 이유는 꽃 한 송이를 향한 어린왕자의 간절한 마음 때문일 것입니다. 자녀를 향한 간절한 부모님의 마음이 어린왕자의 감동처럼 이루어지면 좋겠습니다. 자녀가 부모님을 본받아 바르게 자랐으면 좋겠습니다. 부모님께서 보여주는 말의 향기와 바른 삶을 통해 자녀들이 좋은 습관을 형성하여 세상의 선한 리더로 우뚝 섰으면 좋겠습니다.

끝으로 이 책이 나올 수 있도록 영감을 허락하신 하나님, 소중한 가족, 도움 주신 많은 분들께 감사를 전합니다.

이인희